河北科技大学理工学院 2015 年度转型发展专项教学研究项目，项目编号:ZX2015Y03。

儒家典籍翻译研究

邸玉敏　著

汕头大学出版社

图书在版编目（CIP）数据

儒家典籍翻译研究 / 邸玉敏著. -- 汕头：汕头大
学出版社, 2018.3
　　ISBN 978-7-5658-3566-7

　　Ⅰ. ①儒… Ⅱ. ①邸… Ⅲ. ①儒家－著作－翻译－研
究 Ⅳ. ①B222②H059

中国版本图书馆 CIP 数据核字(2018)第 062136 号

儒家典籍翻译研究
RUJIA DIANJI FANYI YANJIU

著　　者：邸玉敏
责任编辑：汪小珍
责任技编：黄东生
封面设计：瑞天书刊
出版发行：汕头大学出版社
　　　　　广东省汕头市大学路 243 号汕头大学校园内　　邮政编码：515063
电　　话：0754-82904613
印　　刷：廊坊市国彩印刷有限公司
开　　本：710mm×1000 mm　1/16
印　　张：13
字　　数：190 千字
版　　次：2018 年 3 月第 1 版
印　　次：2021 年 7 月第 2 次印刷
定　　价：52.00 元
ISBN 978-7-5658-3566-7

前 言

  中西方间的相互阅读拥有悠久漫长的历史。这一过程中，西方古代的宗教文化和近现代发达的科学技术是华夏民族试图接近、了解的资源，同样，博大精深的中国思想典籍也被西方视为东方文明的瑰宝，成为其反复阅读的对象。

  "理想的世界文化交流应该是双向的输入与输出，交流的双方是互为主客体，以双方各自对对方需要为基础，以双方各自这种需要的意识为前提。"中华文化源远流长、博大精深。作为中华文化精髓的儒学典籍是全人类共同的宝贵精神财富，世界各民族需要从中了解儒家文化，因此，把儒学经典翻译成英语或其他语言，自然构成了文化传播的重要方面。对于中国自身来说，要生存发展，要立于世界民族之林，就必须加强文化传播与交流，典籍翻译不可或缺，而典籍翻译研究有助于提高我们对典籍翻译的认识、促进文化交流。

  文化典籍英译是一个多层次的研究课题。它是一个内原文和译文的词汇术语、句法形式、篇章文本、修辞文体等组成的内部结构和一个由译者、读者、原文产生的历史文化语境以及目的语语境等因素组成的外部结构相结合的整体。对于这个多层次的课题，以往的研究常聚焦其内部结构，即拿原文和译文作语言层面的比较。近年来，典籍翻译的研究开始扩大到其外部结构。国外学者已突破了传统汉学的界限，借助其发达的跨学科方法，从历史、社会、哲学、宗教等文化方面，对典籍翻译展开了研究。而国内的典籍翻译研究则相对滞后，宏观研究和微观研究都尚显不足，宏观文化层面的研究尤其落后。多数研究者因为学术背景的局限，无法开展跨学科、多层次的研究；而部分学者仍执着于翻译研究的文艺学范式或结构语言学范式，或赞赏译者的神来之笔，用"神似""化境""三美"等传统的翻译标准去评判译文；或拘泥于译文比较、探讨译文是否"忠实"，缺少对典籍文本所承载的历史、社会、哲学、宗教等多种文化内涵的挖掘，不大重视文本意义的多样性、译者解读的主体性以及译音在选择中受到的各方面制约（翻译的规范）等当代译学研究课题，对典籍的跨文化交流中的各种问题（如译音对待交流各方的态度、翻译策略的选择等）也没有深入的钻研，形成的认识过于简单。总的说来，国内学者对典籍翻译中的文化研究及跨文化交流问题不够重视。在当前文化交往日益高涨的全球化时代里，这些问题就显得尤为突出。

本书由来自河北科技大学外国语学院的邸玉敏编写，在编写过程中参考借鉴了一些专家学者研究成果和资料，在此特向他们表示感谢。由于编写时间仓促，编写水平有限，不足之处在所难免，恳请专家和广大读者提出宝贵意见，予以批评改正，以便改进。

目　录

第一章　引言..1

　　第一节　儒学典籍英译与时代要求..................................1

　　第二节　全球化语境与典籍文化翻译面临的问题..............4

第二章　典籍翻译与翻译理论..7

　　第一节　伦理与翻译..7

　　第二节　伦理思想对译学范式的影响..............................10

　　第三节　《论语》英译——译者的伦理态度与翻译方法......16

第三章　原作思维与译作语言..22

　　第一节　汉思维的"过程性"与英语的"过程性"词汇......22

　　第二节　汉思维的"事件性"与英语的动名词结构..........26

　　第三节　逻辑推理与表达方式..31

　　第四节　"道"的实用主义揭示——《论语》译文的语篇连接......40

第四章　翻译的类型与典籍英译者的素质..............................46

　　第一节　翻译的类型..46

　　第二节　典籍英译者的素养..51

第五章　中国儒学典籍英译的两种范式................................59

　　第一节　翻译范式的分类依据及其基本特征....................60

　　第二节　"文本中心"范式下的译本和译者....................63

　　第三节　"文本相关"范式下的译本和译者....................89

第六章　哲学文本的诗性翻译..106

　　第一节　文质彬彬——保留原作的修辞特色....................110

　　第二节　嘤嘤成诵——以语音传递语义............................118

　　第三节　以诗译《诗》，重树汉语经典地位....................120

第七章　仰视抑或操纵——儒典英译的副文本......................127

　　第一节　版本选择与原文的连贯性..................................131

　　第二节　标题与副标题——哲学翻译的声明....................137

　　第三节　前言——译者目的的表白..................................139

第四节　导言和附录——译本的纲领性文件 141

第八章　辨异观同——儒学关键词英译 156

第一节　儒学术语的创造性阐释和英译 161

第二节　一词多译——揭示儒学术语的多重意义 183

第三节　"道"之所以，"天"之所指——保留旧译和音译 193

参考文献 197

第一章 引言

第一节 儒学典籍英译与时代要求

文化的多样态性是世界文明的基本性质。虽然在人类社会历史发展中，在一定的历史时期中，有主流社会与非主流社会之分，但从整体上看，整个世界文化是多元并存的，而非统一于一元。美国未来学家奈斯比特（J. Naisbitt）和阿博顿妮（P. Aburdene）在《2000 年大趋势九十年代的十个新趋向》一书中指出："人类越强烈地感到大家居住在同一个星球上，就越需要各种文化具有各自的传统特点。品尝别国的美味佳肴，穿牛仔裤，享受一些相同的娱乐，这些都是值得向往的。但是，如果那种外在的演变开始侵蚀深层的文化价值，人们就会回过头来强调他们的特色，这是一种文化反弹现象。每一个国家的历史、语言和传统都具特色。有趣的是，我们彼此越相似，就会越强调我们的独特性。"（奈斯比特，阿博顿妮，1990：46）

人类历史的发展，就是各种文明不断地交流、冲突、融合、创新。联合国教科文组织有关文化多元性的宣言称："人类文化的多元性犹如自然界的生物多样性一样必要。"（汪榕培，王宏，2009：3）中国要发展，就必须了解和学习其他文化的先进部分。同时，把中华民族富有特色的文化精髓译成外语，是让世界了解中国、让中国参与全球文化交流、与世界同步发展的一个极好的途径。中国文化是人类文化多元系统中一个重要的组成部分，通过翻译把中国思想典籍介绍给世界，不仅有益于人类文明共享，对于弘扬民族文化、保持中国自身文化身份也十分重要。然而，综观中西文化交流的历史，这种交流大都是单向并且不平衡的。在漫长的"西学东渐"过程中，中国文化一直处于接受和被动地位，大量记载西方政治、经济、科学、文化的书籍文献被介绍到中国来，并被中国吸收和利用。但由于种种原因，历史悠久、灿烂辉煌的中国文化典籍却鲜为世界所知。统计数据表明："从1900年到2000年的100年间，中国翻译的西方各类书籍近万种，但是西方翻译中国书籍的种类还不到500种。"（汪榕培，王宏，2009：2）

"理想的世界文化交流应该是双向的输入与输出，交流的双方是互为主客体，以双方各自对对方需要为基础，以双方各自对这种需要的意识为前提。"（同上：2）中华文化源远流长、博大精深。作为中华文化精髓的儒学典籍是全人类共同的宝贵精神财富，世界各民族需要从中了解儒家文化，因此，把儒学经典翻译成英语或其他语言，自然构成了文化传播的重要方面。对于中国自身来说，要生存发展，要立于世界民族之林，就必须加强文化传播与交流，典籍翻译不可或缺，而典籍翻译研究有助于提高我们对典籍翻译的认识、促进文化交流。

文化典籍英译是一个多层次的研究课题。它是一个由原文和译文的词汇术语、句法形式、篇章文本、修辞文体等组成的内部结构和一个由译者、读者、原文产生的历史文化语境以及目的语语境等因素组成的外部结构相结合的整体。对于这个多层次的课题，以往的研究常聚焦其内部结构，即拿原文和译文做语言层面的比较。近年来，典籍翻译的研究开始扩大到其外部结构。国外学者已突破了传统汉学（以训诂、注疏等为主要手段）的界限，借助其发达的跨学科方法，从历史、社会、哲学、宗教等文化方面，对典籍翻译展开了研究。而国内的典籍翻译研究则相对滞后，宏观研究和微观研究都尚显不足，宏观文化层面的研究尤其落后。多数研究者因为学术背景的局限，无法开展跨学科、多层次的研究，而部分学者仍执着于翻译研究的文艺学范式或结构语言学范式，或赞赏译者的神来之笔，用"神似""化境""三美"等传统的翻译标准去评判译文或拘泥于译文比较、探讨译文是否"忠实"，缺少对典籍文本所承载的历史、社会、哲学、宗教等多种文化内涵的挖掘，不大重视文本意义的多样性（阐释学派和解构主义的观点）、译者解读的主体性（文化学派的观点）以及译者在选择中受到的各方面制约（翻译的规范）等当代译学研究课题，对典籍的跨文化交流中的各种问题（如译者对待交流各方的态度、翻译策略的选择等）也没有深入的钻研，形成的认识过于简单。总的说来，国内学者对典籍翻译中的文化研究及跨文化交流问题不够重视。在当前文化交往日益高涨的全球化时代里，这些问题就显得尤为突出。

第二节　全球化语境与典籍文化翻译面临的问题

全球化首先是一个经济学和金融学领域内的课题,但近几年来它已经引起了人文社会科学研究者(包括翻译研究者在内)的关注,其原因在于,信息的传播和大众传媒的崛起使得全球化与文化的关系密不可分。美国的新马克思主义理论家弗雷德里克·詹姆逊(Fredric. Jameson)对全球化与文化的关系有过一段精辟的论述,他指出:"全球化是一个传播学的概念,它依次覆盖并传载了文化的或经济的意义。我们感觉到,在当今世界存在着一些既浓缩同时又扩散的传播网络,这些网络的形成一方面是各种传播技术的明显更新带来的成果,另一方面则是世界各国,或至少是它们的一些大城市的日趋壮大的现代化程度的基础,其中也包括这些技术的移植。"(Jameson,1998:55)既然全球化同时带来了文化的趋同性和文化的多样性,这就确保了不同的文化可以共存。"但是,隐于全球化背后的是一种强权政治和经济霸权主义,它不仅对于第三世界国家是这样,对于发达的欧洲国家也是如此,从文化学的角度来考察,全球化所要求的正是以美国为标准的全球范围文化的趋同性。"(王宁,2006:19)

"在全球化语境下,文化研究者已经清醒地认识到,经济全球化给文化界带来的一个直接后果就是文化全球化。在某些学者(尤其是美国的亨廷顿等人)看来,在未来的时代,由于全球化进程的加速,经济上和政治上的冲突不会成为占主导地位的冲突,而文化与文明之间的差异则会上升为占主导地位的冲突而另一些主张文化相对主义和东西方文化对话的学者则认为,文化的冲突与共融在很大程度上取决于双方的互动作用,如果协调得好,可以将这种冲突制止或压缩到最低的限度。因此,未来不同文化之间的关系主要是讨论和对话的关系,通过对话而达到不同文化之间的相互了解和共融。"(同上:20-21)全球化的进程越是加速,就有越多的文化、文明期待认同,就有越多的经典期待阐释,各种文化在认同他者的同时也在加强对自身的认证,全球化与本土化这一对矛盾便滋生暗长。为了使不同文化达到和解和交融的目的,翻译就须在其中进行对话、协商。因此,全球化语境下,文化的翻译也就理所应当地成为了翻译研究的前沿课题。中国早期思想典籍的翻译本身就涉及历史、政治、哲学、宗教等文化方面，其中牵涉的文化翻译的问题比任何其他种类都要多，可以毫不夸张地说，翻译典籍就是翻译文化。因此，如何翻译典籍中承载的文化是译者们面临的首要问题。

人们通常认为，译者只要具备语言和社会文化知识、文化识别能力和翻译技巧就能完成翻译的任务，但其实，翻译的过程远比人们想象的复杂。在文化领域中，人类差异在最大程度上得以展现，而表现这些差异即是在跨文化交际中维护文化的一种重要形式，同时，它也是译者最能彰显主体性的场所。在具体的翻译过程中，时间、地域、译出语文化因素、译入语文化规范、译入语读者的文化期待等各方面、各层次的文化问题都是特殊而非普遍的制约因素，译者须根据实际情况制订翻译策略，没有哪一种方法是固定不变、放之四海皆准的，也就是说，译者面临各种选择，可表现的主观能动性最强，灵活性最大，遭遇的难题也最多。

翻译研究史上，人们关注的大多是在语言文化和物质文化方面的表层文化元素。可即便这样一些元素，也会因文化间的不对称给翻译带来困难。罗曼·雅各布逊（Roman Jakobson）在其论文"翻译的语言学观"（On Linguistic Aspects of Translation）中讨论了文化不对称现象给翻译带来的种种复杂难解的问题。雅氏以英语 cheese 的一词为例，该词的语义既包括发酵的也包括不发酵的凝乳，但俄语却把这两种物质用不同的词汇来区分。（Jakobson，1959：233）同时，他还谈及了新的物质和文化观念进入一种语言，造成的词汇缺省问题以及文化观念、比喻意义的语言基础问题。不过，雅各布逊对文化间的翻译持有乐观的态度，他坚信"语言的根本区别在于它们必须要表达的东西而不在于它们能够表达的东西"（Jakobson，1959：236）。

在《翻译的语言学理论》（In A Linguistic Theory of Translation）一书中，卡特福德（J. C. Catford）对待翻译中文化缺省问题的态度不如雅各布逊那样乐观。尽管卡氏承认文化专有项或多或少都是可译的,可译性不过是"度"的问题，但他再三强调"如果无法在译文的语境意义中建立与源语语境功能相关的特征，文化间的不对称性足以造成语言上的不可译"（Catford，1965：93-94）。他认为文化意义是为语言专有的，一种文化传统中的意义在其他的文化里没有对等的词汇，只能转移（transfer）到目的语或目的语文本中去，无法翻译。

卡特福德这些悲观的见解与奎因（W. O. Quine）的观点相仿。后者认为即便是日常生活中的事物在语言、文化和认知上也是不确定的。他以跑过身边的野兔为例，认为不可能确定某一文化中的一种动物在另一种陌生语言文化中的所指就是该动物（Quine，1959：148-155）。奎因的观点所隐含的意义是，对语言和文化意义的思考必须超越物质层面，上升到功能的层面，再到逻辑和哲学的抽象层面。

正是在这样一种理论背景之下，尤金·奈达（Eugene Nida）突破了文化翻译中一对一的局限，提议用"动态对等"来解决文化缺省时翻译面临的困境。在"动态对等"的观念下，假使译入语文化没有"雪"的概念，译者也可把"白如雪"译做译入语中具有相同文化功能的"白如白鹭毛"（Nida，1964：171）。

上述学者关于文化翻译的论述经历了由浅到深、循序渐进的过程，其中不乏真知灼见。但就以上研究来看，学者们对待文化翻译的解决方法相对来说还是过于简单。如何解决因文化的不对称造成的文化超载或负载问题、如何协调文化交流中的各方利益？哪些有效的翻译方法可解决交流中的出现的各种问题？文化翻译的大致过程该如何描述等，问题繁多而复杂。诚如谢莉·西蒙（Sherry Simon）所说，翻译研究尚未认真对待整个文化问题，不仅把文化思考得过于简单，且尚未开始关注并着手研究翻译过程中译者的视角以及译者的文化框架等问题（Simon，1996：137）。

第二章　典籍翻译与翻译理论

第一节　伦理与翻译

根据《牛津高阶英汉双解词典》第 6 版, ethics 的英文定义 moral principles that control or influence a person's behavior, 中文释义为"道德准则""伦理标准", 而 morality 一词的解释为 principles concerning right and wrong or good and bad behavior, 也指"道义""道德准则"。所以在西方文化中, "伦理"与"道德"的词义是一样的, 都是关于人们应当如何的行为规范。

在中国, "伦理"一词, 按《说文解字》的解释, "伦者, 辈也", 意思是指人们之间的辈份关系。我国最早的词典《尔雅》解释"伦", 是石子投下水后形成一圈一圈向外扩散的波纹。引申为次序、差别之义。按《论语·微子》中记载, 孔子把君臣有义、长幼有序称为"大伦", 并提出"君君、臣臣、父父、子子"(《论语·颜渊》)的人伦关系。根据《说文解字》, "理"的本意为"治玉"。治玉需要下功夫, 细琢磨, 后引申为条理、道理、顺序之意。"伦、理"合用, 最早见于战国至秦汉之际的《礼记·乐记》, 其中说"乐者, 通伦理者也", 原指音乐的音阶和音序, 但该意义逐渐淡化于历史的长河中, 后来指人们所形成的人伦关系中, 有一个应该如何相互对待的问题。换言之, "就是指人与人之间微妙复杂、和谐有序的人际关系"(郑珠仙, 吕军利, 2004: 2)。从词语的溯源中, 我们不难认识到, 无论是中国还是西方, 伦理学就是研究以道德手段调节的人与人之间关系的学问。

翻译作为一个不同语言之间语义转换的过程抑或结果, 似乎很难同伦理扯上关系。但事实上, 翻译本质上是一种人际交流活动, 是跨语言、跨文化的有自身规律与规则的人际交流活动, 也就是说, 人们从事翻译活动, 要在翻译这项活动的"事实如何"中间找出规律性，也要从协调人际关系目的出发找到相应的规范或者制定相应的规则。翻译的"事实如何"与"应当如何"之间的关系，应当是翻译理论工作者研究的内容和对象之一。而翻译的"事实如何"与"应当如何"之间的关系，正是翻译伦理学研究的主要对象。

翻译研究经历了 20 世纪七八十年代的"描写"之后，90 年代开始反思伦理问题。现代西方讨论翻译伦理的文章很多，出发点不同，结论也各异。在中国影响较大的西方学者主要有贝尔曼（Antoine Berman）、韦努蒂（Lawrence Venuti）、切斯特曼（Andrew Chesterman）和皮姆（Anthony Pym）等。

贝尔曼、韦努蒂都提倡"存异的伦理"。贝尔曼认为，所有文化从本质上讲，对外来事物都是抵制的，翻译本身就带来冲击，对固有的语言和文化带来威胁。这就是说，一个文化在需要吸收外来"他者"补充的同时，也会抵制外来的"异质"，以确保本族文化的"纯粹"和"完整"。这是一个矛盾，贝尔曼称之为文化目的和翻译的伦理目的之间的矛盾。翻译本身的"伦理目的"就是反对本族文化中心，就是"开放、对话、杂合（cross-breeding）、去中心（decengtering）"（转引自朱志瑜，2009：8）。因此，贝氏主张翻译就是要"接触"外来的"异质""翻译理论的任务之一就是将翻译从意识形态的束缚中解放出来"（Berman，1992:4-5）。

韦努蒂则站在后殖民主义的立场，要削弱英语文化的霸权。韦氏认为在英美文学翻译史上，"流畅"（fluency）的翻译大行其道，这本身就是英美强势文化对异质文化的压制、是对差异的抹煞，所以他反对"归化"（domesticating）的方法，强调"异化"（foreignizing）。不过，韦努蒂最关心的是伦理上的"去中心化"（decentralization），而非传统策略上的"求同"或"忠实"。因此，"在翻译策略上，韦氏的'异化'突出的是'异'，与目标语文化、语言的异，其结果可能与原文相近，也可能不同"（朱志瑜，2009：8）。

切斯特曼（2001：139-142）根据现有翻译理论提出四种伦理模式，再现（representation）的伦理；服务（service）的伦理；传意（交际 communication）的伦理及规范（norm-based）的伦理，最后还加上他自己提出的一条"专业责任（professional commitment）的伦理"（Chesterman，2001：139-148）。

切斯特曼的论述反映了近年来学者们开始从伦理的角度重新审视现有的

翻译理论体系。"再现的伦理"指译者再现原文的责任。如果把翻译看作一种"再现"的活动，在此过程中译者所持的态度就是"再现的伦理"，传统的"忠实"观反映的就是这种伦理。"服务的伦理"强调翻译的作用或功能，是译者对客户的责任，在功能学派的理论中最能得到体现。"传意的伦理"中，翻译不是替代他者，而是与他者交流。翻译是促成互为他者的双方交流和了解的手段，译者是双方的中介，其遵循的原则不是归化或异化，而是"实现跨文化"（interculturalizing）（Koskinen，2000：71），追求互惠。切氏提出的第四个伦理模式是"规范的伦理"。规范反映读者的期待，代表目标语文化的价值，切氏认为译本不能和读者的期待相违背才能赢得他们的信任。此外，切氏还提出"追求完美的道德责任"（deontie force of excellence），包括诚实（truth）、清晰（文字上）、理解、可靠（trust）等伦理概念（Chesterman，2001：141）。

　　由上可见，翻译伦理是规范译者行为的道德准则。翻译是一种人际交往活动，其中涉及到原文语言、文本、文化、原作者、翻译的委托人、发起人、目的语读者、语言、文化以及翻译职业的社会地位等方面因素，这些因素对译者的行为势必形成制约，敦促译者遵守交往伦理。我国学者也开始关注翻译的伦理问题。例如，吕俊就提出将哈贝马斯的交往伦理理论引入翻译学研究中，使翻译伦理学成为"翻译学的一个组成部分和研究内容"（吕俊，2001：272）。

　　吕俊认为，"翻译活动是一种对话和交往，是不同文化间的言语交往行为，这就要求人们遵守一些准则和规范，因为不同文化间的交往，涉及到的问题要更多，更复杂。这就是说它更需要伦理学的指导，这是翻译活动自身对伦理学的需要"。（吕俊，2001：272）

　　在哈贝马斯的四条交往伦理的基础上，吕俊继而提出了翻译作品应当符合知识的客观性；理解的合理性和解释的普遍有效性；符合原文文本的定向性三条新的翻译标准，后来又提出了建立翻译伦理学的主张（吕俊，2004：96）。与追求客观一致性为准则的传统标准不同，新的标准允许对同一个文本有不同阐释，承认文化地位的差异与不同文化时期的不同特征。新的标准同时又是一个主观性与客观性相结合的标准，强调了主体的参与，采取最低限定标准式，而非传统的以最高限定标准为准则。也就是说，不是让译者必须达到怎样的要求，而是引导译者怎样去做。

第二节　伦理思想对译学范式的影响

大致说来，翻译研究历经了语文学文艺学范式、结构主义语言学范式以及后结构主义范式这三种范式的发展过程，其中每一种范式都反映着不同伦理思想的影响。

以具体人的情感、直觉、本能等为基础的非理性主义思想在翻译研究中表现为一种语文学（文艺学）式的翻译观。这种翻译范式不是根据任何系统的理性知识为指导，而是强调译者的主观直觉判断，重视译者的悟性与灵感。"就像一个人如果没有诗人的气质就成不了诗人，缺少艺术细胞就成不了画家一样"（吕俊，2002a：7）。该范式下的翻译理论也多为翻译家片言只语的体验和感悟，例如曾为国内译学界奉为圭臬的"信、达、雅"就明显具有随感式、印象式的特点。翻译批评者对译作的检验和评价也是以自我为中心，重直觉、悟性，欣赏神来之笔，如"神似""化境"等翻译标准，往往陈义过高，流于玄妙。翻译研究方法主要是一种直觉主义，以内省或者主观体验和感悟为主，强调"在翻译时译者应该投入自己的主观感情，译者须与原作者或作品中的人物的心灵相交"（陈福康，2000：126），比较少地借用其他学科的理论与方法，处处流露出自我中心主义倾向。"这无不受到以自我为中心，视他者为'地狱'的存在主义伦理思想的影响"（杜玉生，2008：27）。由此可见，非理性主义伦理思想的神秘主义倾向使得翻译这种最为常见的文化间的交流活动变成一种神秘莫测的东西，不利于跨文化交流研究的开展。

追求规律性、稳定性、同一性的结构主义伦理思想打破了非理性主义伦理思想中的神秘主义和直觉主义。受此影响的翻译理论注重对文本的语言结构的研究，认为在千变万化的语言差异之下有统一的语言系统，对其作理性的分析，找到内在规律，找到各种语言的共核，此乃翻译的基础步骤。

追求同一性的翻译理论的代表奈达认为各种语言具有相同的表达力。"一种语言所能表达的事情，必然能够用另一种语言表达出来，除非形式是所表达的意思的一个基本组成部分"（Nida&Taber，1969：4）。此外，结构主义的翻译观把文本视为一个封闭自足的系统，其中包含着稳定的意义，只要掌握了文本的语言系统，就理所应当能获取文本意义。在这种语言观和翻译观的指导下，译者往往会选择归化的翻译策略，用目的语中的语言形式把原文本中的内容传达出来，原文本的语言形式不为译者所重视，在翻译效果上追求语言的"通顺""自然"与"流畅"，以维护目的语言的规范性和纯洁性，实质上是"采用民族中心主义的态度，使外语文本符合译入语的文化价值观，把原作者带入到译入语文化"（孙致礼，2003：48），尽量消解了异质语言及文化的差异性，谈不上文化间的对话和协商，更不利于译出语言和文化的发展。

突出个性与差异的后结构主义伦理思想是一种反理性的伦理思潮，"它批判语言逻各斯中心主义，打破了结构，解构了系统，使结构中的各差异因素解放出来，打破了二元对立的一元结构。其哲学基础是语言本体论的解释哲学而非传统的认识论主体哲学，彻底改变了人们看问题的视角，带来伦理思想的巨大改变"（杜玉生，2008：28）。"差异"的伦理思想突出了"他者"的核心地位，在后结构主义时代的各个学科领域都产生了深远的影响。在后殖民主义批评家眼里，差异是一种政治伦理和社会道德价值观，它反对用一种单一的标准去理解与评价不同的文化。在文化批评中，对普遍性的批判以及对差异性的张扬成为一个道义问题。"正是生活世界的差异和不可通约性使文化之间的理解成为必要和获益良多。一个遍及所有生活世界的共同结构无论在经验上还是在原则上都是无法证明的。承认这样一个共同结构的预设不能消除生活世界的差异，却必然要导致某种文化普遍有效性的主张。生活世界的不可通约性并不是说文化间的理解是不可能的。在各种生活世界之间总是有着交叉重叠的部分，它们为我们使用的语言、情感和认识的想象去把握在'异己'文化的表达和述说的东西提供了一个基础。我们必须拒绝任何一种文化普适性的主张，如果我们坚持生活世界的多元性的话"（张汝伦，1996：78）。

这种突显差异的伦理思想在文艺界与翻译界也掀起了巨大波澜。文艺理论家及翻译理论家都认为差异才是我们这个时代的特征。法国翻译理论家贝尔曼指出翻译行为的"正当伦理目标"是"以异为异"，尊重和突出原作和原作中的语言和文化差异，主张翻译策略应该是直译（Berman，2000：

285-286）。美国著名的解构主义翻译理论家劳伦斯·韦努蒂以贝尔曼的翻译伦理思想为出发点提出"存异伦理"的翻译思想。他指出，由于翻译所牵涉到的不同语言、不同文化之间不可避免地存在着某种权力关系，而这一关系通常是不平等的，所以"不对称和不平等，支配和从属关系，存在于所有的翻译行为中，通过译文对译入文化的服务得到实现"，在这个意义上，作为翻译行为主体的译者不管主观意愿如何，在客观上必然是"本土体系和机构剥削，利用外国文本和文化的共谋"（同上）。在人类需要沟通、交流的全球化时代，韦努蒂渴望一种可以让翻译稳定栖身的价值，他认为，"翻译从根本意义上说是种族中心的，因而绝对不可能是地位平等的双方之间的一种交流。翻译的功用就是对异质性的吸收和同化"（同上：81）。为了解决这一悖论，韦努蒂一直没有停止对"异化"层次的提升，"异化从一开始的形式出发，经历了对抗式翻译、反常式忠实、少数族语言的翻译、存异伦理，最后到因地制宜伦理"（蒋童，2010：83）。韦努蒂一再告诫人们，必须尊重他者，担当起对他者的责任，这使得他的文化伦理构想与终极价值相似。韦努蒂在一个复杂多样的全球化语境中追求普适的翻译伦理思想和实践方法。然而，翻译本身就是存在于不同语言文化之间的不平等的对话关系，那么，这种普适的翻译伦理是否具备现实的基础？

如前所述，既然伦理是指人际关系，翻译伦理是译者用来调整翻译活动中人际关系的规范，涉及的是主体的人，那么，就不能把伦理作为客观真理来看待。英国翻译理论家莫娜·贝克（Mona Baker）就认为不存在什么普适的伦理，每个人都有自己看待是非的标准。她认为翻译伦理研究的重点不是规定什么是道德规范本身，而是要找出一种方式以考察人们如何在特定场合判断什么是符合道德规范的。在她看来，这种方法更灵活且更具包容性，认为对同一事件可以存在不同视角、不同观点，这同样符合道德标准。在其最近的研究成果中，她表明，"人们不仅在逐字重复自己所听所读的内容，也包括他们对合适与不合适、道德与不道德的理解。有些情况下，根本不代表他者说话反而最道德——这就要看这个他者是谁以及他们想让你代表他们说什么或者原文是什么类型的叙述，你是否愿意使这类叙述在另一语境下合法传播，或者即使你赞成讲话者或文本所言，但认为照样重复没有实际意义，因为在目的语中会产生误解，或会造成不必要的伤害与冒犯，或会被挪用来反对其中一方，等等。所有这些都是某种形式的介入，任何有责任心的译者在其职业生涯中都会采用"（转引自赵文静）。德国功能主义也有类似的主张，提高译者的地位。雇主只需在"提示"中说明翻译的目的等需要，其余策略方法等应该由译者决定，因为只有译者才是专家，是翻译各方利益的协调者。

通过对韦努蒂"异化"翻译的真正动机进行考察，我们发现其中尊重异域文化独特性的成分并不像它表面申明得那么明显。在《翻译之耻》第八章"全球化"中，韦努蒂认为由于英语世界国家经济上的发达，以及英语在语言世界的霸主地位，使得英语世界的文化得以侵蚀整个地球，这就导致了翻译上的不平等。在韦努蒂看来，深受其害的恰好是英语世界国家本身，因为这不利于这些国家发展的多元化，更不利于瓦解其文化和语言中的主流力量，发展其中占少数地位的边缘文化，即挖掘剩余。而对于英美强势文化通过翻译加速了自己的发展，与弱势文化差距更大之后，如何来解决翻译的不平等问题，韦努蒂却只字未提。可见韦努蒂所关心的是翻译如何影响译入文化，即英美文化，而不是利用翻译协调译入和译出文化之间的关系，"其真正动机在于维护西方文化特权、保持东西方文化在全球化语境下的悬殊态势（蒋童，2010：83）。西方不少后殖民学者反对一味崇尚"差异"，因为"异化"或"存异的伦理"根本触及不到文化不平等的深层问题。韦努蒂最终也暴露了自己学说的矛盾性。在《翻译之耻》一书中，他承认，对于一个在复杂的当代语境内普遍使用的翻译伦理，翻译实践的关键问题绝对不能"单单关系到采用哪一种话语策略——是流畅的翻译还是抵抗式的翻译，它还应该包括翻译的意图和效果"。

美国翻译理论家玛丽雅·提莫契科就认为，文化翻译的理论和实践方法应当是可用于不同环境下的知识，能够用来解释何时用异化，何时用归化，能够同时为中心文化和边缘文化的意识形态需要服务，为所有类型的翻译服务。更为重要的是，如果一味地使用"异化"的翻译手段，势必会形成对译者的约束，译文未必能达到理想的效果。翻译史上有很多例子可以证明，边缘文化进入中心文化不一定要靠"异化"的方法。王辉就以辜鸿铭英译《中庸》为例，指出，辜氏译儒经，是拿西洋哲学来比附中国哲学，突出的是儒家教义的普适性而非特殊性，归化、流畅、求同的翻译成为儒家思想进入西方的有利工具。

因此，提莫契科提倡文化翻译的"整体性"方法，即用概念化的方式去理解一种文化，把它作为翻译的基础。不过，她同时又提醒读者，整体性的文化翻译虽给予了译者极大的主观能动性，却未必有道德的考量。文化翻译的复杂性表明，赋予译者权力不足以增进译者的道德心、责任心。一位主动性强的译者不一定会用负责任的方式来翻译。因为对文化的整体理解事先存在，却不会派生出相应的翻译策略，它可能导致各种各样的文化翻译，如殖民主义者对被殖民文化宰割式的翻译或民主主义激进者抵抗式的翻译等。

如此看来，翻译的伦理与翻译的方法之间并不存在一一对应的关系。译者有符合道德标准的翻译态度却不一定能选择有效的翻译策略，能主动把握、灵活运用翻译方法的译者所取的翻译态度也不一定正当。全球化语境下，文化价值的双向诉求反映着人们矛盾而又真实的心态——既要全球化、世界性，又要地域化、民族性。在文化的存在和发展中，这两者既凸显文化要求上的一种内在张力，又反映着文化取向上的交互性。翻译面临的问题比以往任何时候都要复杂。正如埃德温·根茨勒和玛丽雅·提莫契科所说，"当代大多数从事翻译研究的学者视翻译的过程为复杂多样，不同译者在不同的时间、地点解决各种班型翻译中的各种问题，根据具体的历史语境和具体的文本材料来决定翻译策略"。文化翻译研究想要有进一步发展，就要从具体的翻译文本出发，解决不同文化之间的交流问题。人们不得不同时思考这些问题：怎样翻译才是合乎道德标准？怎样翻译才能有效地解决交流问题？

因此，要对儒学典籍英译做出翻译的伦理和方法上的总体判断，不妨先对一部具体的典籍，例如《论语》的英译情况做一个简单的总结和评述，把以上的问题放置其中去思考，这样做有两个方面的意义：第一，《论语》为中国古典学术的代表作，在儒家经典、经学研究中占特殊地位，在中西交流史上扮演过重要角色。其翻译经历了漫长的历史，也颇具规模，译者既有西方传教士、汉学家，也有当代中西方学者和翻译工作者。考察《论语》英译的大致过程，了解各个时代、各种身份的译者所取的翻译态度和大致方法，对本研究的意义不言而喻译者是历史的人、社会的人，历史文化语境以及译者的社会身份会对译者的翻译态度，对其思考翻译伦理问题产生重要的影响，笔者期望能从中发现典籍翻译伦理发展的大致脉络。第二，翻译目的、译者身份以及对文本认识的差异又造成了各译本不同的论释方法。即便站在同一种伦理立场，持同一种翻译态度的译者，在选择具体方法时也各有侧重。另外，传统的汉学途径与当代跨学科的典籍研究、翻译也有不同。考察个别译者的《论语》英译版本要注意历史文化语境与时代思潮、译者的身份如文学、历史或哲学研究者、译者的翻译目的等对译者的翻译伦理态度施加的影响，希望也能从中发现译者的翻译方法对译本的跨文化交流所起的作用。

第三节　《论语》英译——译者的伦理态度与翻译方法

"诸子以孔子为第一人，诸子之书以《论语》为第一部"（蒋伯潜，1985：6）。在中国古代思想家中，孔子的影响无疑是最大的，而《论语》一书集中体现了孔子的道德学问和伦理思想，是中国古典学术的代表作。《论语》的这种重要性使得它在中西交流史上扮演了重要的角色。自中西文化交流开始以来，《论语》成为西方世界最为关注的中国经典之一。"从利马窦的《四书》翻译算起，西方对它的翻译活动约有400年历史，贯穿了中西文化交流的整个历史进程，至今不衰，仅英译本就有20多部。自1990年以后，国内的许多学者也参与到《论语》的翻译中，前后共有7部译本在国内出版"（杨平，2008：133）。不过，由于海内外译者身处的历史文化背景、社会经济环境不同，译者的身份、学术背景、翻译目的、翻译观念迥异，致使译本具有各自的面貌。该部分将几个不同时期代表性的译作的翻译情况做一番描述，试图勾勒出各译作在翻译伦理及翻译策略上的发展脉络。

一、以耶释儒——早期传教士的《论语》英译

早期的传教士们以传播福音为目的，觉得有必要学习儒家典籍，他们翻译《论语》的动机是要从该典籍中找到基督教是真理的证据，继而用基督教替代孔教，以耶稣替代孔子。利马窦说过"我知我也模棱两可地翻译过几篇文章，拿来为我所用"（转引自马祖毅，任荣珍，1997：35）。由于他们的宗教文化背景和传教动因，这些译本不可避免地带有浓郁的神学色彩以及严重的西方文化中心主义倾向。"传教士们相信，《以塞亚书》所说的地方Sinim就是中国，上帝早就有计划要把中国人包括在上帝的天国之中。传教士们宣称，中国人信奉的上帝就是基督教中的神。他们在中国古代文献中寻找中国文化与基督教文化原为一体的依据，推行'孔子加耶稣'的传教策略"（杨平，2008：132-133）。传教士们翻译《论语》的策略是对儒学做神学化诠释，用基督教神学附会儒学。他们"以本能或直觉的方式来解读《论语》，而且

还不自觉地套用基督教术语,套用西方哲学术语翻译儒学核心概念。如把'天''道''命''上帝''小人'分别译为 Heaven,the way,God,Saint,sinner,这样一来,'造物主、灵魂、原罪、天国、来世'等基督教意象就被强加到中国文化里。在诠释孔子的核心概念'仁'的时候,既减少其丰富内涵又增添其神学意义,只选定'爱'与天主教的'爱'相类比,进而推演出'爱天主为仁之至'。"(同上)

这是在《论语》西译的初期,西方译者以自我的宗教认知模式为中心的情况下产生的翻译,是一种取缔他者、认同自我的翻译,取代《论语》中儒家的道德观念和伦理思想的是基督教认知模式,中国典籍的独特思想价值无法完好无损地进入西方世界。当然,在文化交流的初期,这种穿凿附会的翻译也在一定程度上起到了传播文化的作用。有研究表明,尽管这种翻译产生的曲解、误读甚多,但总的说来推动了早期中西文化的交流与融合,在西方产生了重大影响。例如,在《论语》思想的影响下,"德国哲学家莱布尼茨倡导的实践哲学以反对罗马教廷的启示哲学,法国思想家伏尔泰推崇伦理思想并赞同以伦理道德而不是宗教法律来治理国家"(杨平,2008:134)。

传教士的翻译中也有个别的严谨之作。传教士兼汉学家詹姆斯·理雅各的《论语》英译就是典型的学者型翻译。尽管怀有对基督教的信仰和对上帝的忠诚,作为著名的汉学家,理雅各对中国的四书五经潜心研究和翻译,他的《中国经典》英译本对《论语》《大学》《中庸》这三部典籍做了全面的评价,还系统地分析了孔子的思想和影响。译文附有大量的注解,涉及篇章要旨、文字训话、历史背景、注疏选译等。译文大量采用直译,尽量遵循原文的思维形式和句法结构,采用世纪书面语体的英文,措辞古雅、译笔严谨。他的《论语》译本被公认为标准的英译。

二、关注异质文化的开端——20 世纪初西方汉学家的《论语》英译

20 世纪上半期一次大战以后西方出现了混乱迷惘和精神危机。一些学者试图从儒家思想中寻找精神寄托和医治药方,选择《论语》作为传播儒家思

想的介质。代表性译者有瞿林奈和阿瑟·韦利从厄。瞿林奈认为理雅各的传教士身份严重影响了其公正性，贬低儒家思想，拔高西方哲学，贬低孔子教义，拔高基督教义。因此，他对理氏的翻译提出了批评，认为"理氏仅仅在介绍孔子事实方面做得较好，但却未能从事实中做出结论，也未能总结儒家道德的特色，更没有正确评价孔子本人的性格"（杨平，2008：135）。为此，他将《论语》按主题重新排序，重新翻译。

韦利的译本一直是英语世界较为通行的译本。它基本"保留了原文的文化风貌，注意细节的传译，文字比较简练，风格接近原文"（同上）。同理雅各一样，韦利对孔子儒学也有深入的研究。譬如，他根据考古学成果推测《论语》原文的构成与作者，认为原文并非连贯的文本，且为多人所编。韦利的译本也"有很长的导言，介绍孔子及其弟子，讨论关键词范畴、古汉语书面语传统以及中国早期社会礼仪问题"（同上）。

较之早期西方传教士的《论语》英译，20世纪上半期的《论语》英译发生了如下变化：一是译者们开始表示对《论语》的原文本、孔子其人和中国文化的尊重。但由于当时汉学研究不发达，西方译者在解读古汉语典籍时必然会受到理解的局限与其固有的思维方式和价值观念的影响，何刚强教授就认为韦译的主要缺点是"译者对先秦古文字在理解与解释上出现偏差，没有能把握住原文原字实际所表达的事物或思想"。不过，这一时期的《论语》英译已开始对孔子儒学和中国语言文化进行研究，翻译的伦理从先前的向基督教"求同"逐渐转向对儒学典籍中异质文化的关注，考古学、文献学等跨学科的研究方法也开始为译者所用。

三、关注译作的流畅——海内外华人的《论语》英译

海内外华人既包括生长在国外，至今仍在国外或港澳地区的华人，如刘殿爵（D. C. Lau）和黄继忠（Chichuang Huang）等；也包括长期在国外学习但已返回中国内地的海归华人，著名代表有辜鸿铭、林语堂等。这两种华人通常具有较高的汉语水平，也有地道的英语表达能力，翻译《论语》等中国典籍往往得心应手、可读性强（辜鸿铭英译儒家典籍还带有为中国文明争夺

西方话语权的目的）。还有在本土生长并学习英语的中国人，他们对中国传统文化有更深刻的了解，但由于受英语表达能力的限制或缺乏对英语读者的了解，译本产生的影响不大。

海内外华人普遍对文化的东西方差异保持敏感，尤其对西方汉学家的偏见和误读深感不满，因而带着文化传真的热情和使命感来从事典籍翻译。不过，由于"大多数译者尤其是本土译者忽略了翻译背后的研究，仅仅满足于完成一件汉英翻译作品，很少像国外译者那样提供详细的背景资料和独到的研究成果"（杨平，2008：146），一些译者的翻译观念局限于文字翻译、文学翻译，对语言文字承载的文化信息不够重视，他们的译本缺乏对儒学思想从社会、历史、哲学等层面的解读，学术价值和研究价值不大。可以说，他们的翻译虽有尊重文化原典的要求但在实际操作中更多考虑的仍然是译入语的流畅性或是已有的权威解读，少有对原作全面的、系统的、创造性的研究，也就是说，真正能突出原作异质文化的翻译并不多见。

这里值得单独介绍的是香港学者刘殿爵的《论语》翻译，他的翻译是海内外华人《论语》英译中为数不多的学术研究型翻译。

作为一名研究哲学的学者，刘殿爵试图从本义上解释孔子原意，把孔子教义当成一个有机的整体来解读，做出了为数不多的哲学阐释。刘殿爵译本共有四个版本（1979 年版、1983 年版、1992 年版和 2008 年版），在 2008年版序言中他提到自己的翻译方法是求"信"为先，求"雅"为次，（…I think elegance should give place to accuracy wherever there is conflict between the Two.）所以，新版比老版在学术性上更为严谨。1992 年版本的"副文本有一定的学术价值，包括《论语》思想、孔子生平、其弟子和《论语》文本成书过程的分析"（王淡，2010a：28）。"刘译文所用词汇简单，多为盎格鲁——萨克逊时期词汇。其学生安乐哲认为这类词汇蕴含前基督教话语的世界观，可以排除希腊、罗马词汇带有的西方哲学和宗教的前见影响，更能准确地体现孔子思想"（同上）。但笔者认为，刘氏的翻译仍然没有脱离西方哲学的认知情境。本研究将详细讨论该问题。

四、回溯原典的跨学科译著——20 世纪 90 年代后的西方《论语》英译

20 世纪 90 年代后西方出现了数量较多（10 部）的《论语》英译本，主要有以下几个原因：第一，后现代思潮在 20 世纪 90 年代形成了全球性的影响，在经典的阐释上表现为解读的颠覆性和多元性；第二，二战后亚太及中国的地位逐渐上升，越南战争、水门事件等对西方人，尤其是美国人的思想形成冲击，部分学者开始对西方文明进行反思，西方汉学研究发生了由"西方中心观"向"中国中心观"的转向，儒家经典的研究、诠释和翻译也开始从以西释儒回溯到原典；第三，考古学、历史文献学、比较哲学等跨学科研究的新成果也对经典的诠释产生了影响；第四，东亚儒学文化圈的崛起以及孔子学院在西方各国的建立引发了西方的儒学热，除专家学者之外，普通大众也有学习儒家文化的需要。与以往的译本相比，该阶段出现的《论语》英译本有如下一些特点：第一，有意避免西方文化前见对诠释的影响，尽量依据原典，力图回归儒家独特的思想；第二，研究与诠释相结合，多数译本的解读建立在跨学科研究的基础上，融入了历史学、考古学、比较哲学、比较宗教学的最新研究成果；第三，诠释的进路大体可归为面向文本与历史的定向和面向理论和现实的定向。当然，作品诠释的过程往往是两种定向的结合，既有史实描述、文本解读，也有儒学的理论建构和深层意义的挖掘。其中白牧之（E. Bruce Brooks）、白妙子（A Taeko Brooks）的合译本和安乐哲（Roger T. Ames）、罗思文（Henry Rosemont）的合译本被认为是分别代表这两种论释定向并在诠释上有所创新的翻译。

白牧之、白妙子夫妇的译本属于对典籍的历史诠释，他们"将《论语》视为先秦数代儒家在特定的社会、思想背景中回应时代需要而编著的一系列文本的汇集……在具体论释中奉行'以史释经'的方法，先结合历史、语言，运用考证、辨伪的方法确定文本的作者和年代，重构《论语》成书的历史语境，再将文本以篇为单位放回其重建的历史语境中进行诠释，并加有背景描述、引导性注释和总结"（王琦，2010a：27）。白氏夫妇的译本试图通过历史寻求《论语》的真实面貌，但由于历史仍是后人对前世发生事件的记录和解读，很难说就是历史的本原，因此，"在史实核定上仍存在过多不确定的

假说"（Schaberg，115-139）。

安乐哲和罗思文的译本属于面向当下和现实的诠释定向。译者从哲学研究和翻译的视角出发，将《论语》视为与西方哲学思维方式不同的哲学文本，且蕴涵着现代价值。他们的翻译目的是为了提供一种与西方哲学不同的思维方式，从而丰富和改造西方的文化资源，以便更好地认识自身并继续发展。

两位译者把自己的《论语》译本命名为 The Analects of Confucius：A Philophical Translasion，这里所谓的"哲学翻译"，不仅要解读、翻译出文本蕴涵的哲学思想，而且要通过哲学研究的方式来诠释原著，也就是说，译者先构筑《论语》的哲学理论框架，对其语言特色形成整体认识，再根据这一理论体系进行文本诠释和翻译，并且在翻译中体现《论语》异于西方哲学的表述方式，建构起新的话语体系来表达孔子哲学。

白氏夫妇和安乐哲、罗思文的《论语》译本都是当今西方汉学研究和翻译发生了"中国中心观"转向后的产物，两种译本都是以儒学的思想特征、原文的思想内涵为诠释依据，对待孔子儒学这一文化他都采取了尊重的态度。不过，安译的不同之处在于，译本在尊重原文中异质文化的同时也对儒家思想的普适性和当下意义做出了创造性的解读，促进了中西思想、文化的交流和对话，遵循的是一种既尊重中西差异，又谋求共同发展，或者说"求同存异"的伦理模式。根据以上介绍，我们不难看出，《论语》的英译历程与翻译伦理的发展所走的是两条并行的路线——翻译理论和实践中体现的翻译伦理由传统的二元对立模式发展为多元的、非线形的后现代模式。此外，到了20世纪后半期，《论语》的译者们大多为西方汉学界、哲学界、史学界的学者，他们的典籍诠释一般都建立在对中国文化、哲学、宗教、语言等方面的整体研究的基础之上，可以说，这一时期的《论语》翻译同时又是多学科研究的学术著作，综合了历史、社会、文化因素的多视角的诠释方法，比较传统的注重词、句解读的汉学方法更进一步。不过，由于各译本的侧重点不同，译者对文本意义的取舍或读入，在翻译方法上的选择和创新，都不是简单的"异化"或"归化"所能概括，这些因素直接影响我们对译者的伦理态度和翻译方法做出判断。

第三章 原作思维与译作语言

第一节 汉思维的"过程性"与英语的"过程性"词汇

Gilbert Ryle（1949）对英语词汇做过"过程性"词汇与"达成性"词汇的区分，例如，"学习"（study）对"知晓"（learn）；"听取"（listen to）对"听见"（hear），那么，"过程"语词更适合于描绘持续不断地超越人们当前状况的人类"任务"。过程性语词是一种连续地展示和表达期望的语言。与此不同，"达成"的语词不适合于描绘秩序的循序渐进的意义，因为它们是封闭、终结的语汇，例如"至善"（perfect）、"完成"（accomplish）、"理想"（ideal）、"绝对"（absolute）、"永恒"（eternal）等。（Ryle，1949：149-153）

安乐哲、罗思文对中国古代宇宙学进行过深入研究后认为，中国古代思想家们把过程性和变化性看做是事物的自然条件，而非事物的形式，因此，唯有"过程性"的词汇才能反映中国古代思维。

《论语·学而篇》有这样一章：

子曰"学而时习之，不亦乐乎？有朋自远方来，不亦乐乎？"

试比较理雅各、刘殿爵和安乐哲、罗思文该句的翻译。

Legge:The Master said, Is it not pleasant to <u>learn</u> with a constant perseverance and application?Is it not delightful to have friends coming from distant quarters?Is he not a man of complete virtue, who feels no discompose though men may take note of him?（65）

Lau:The Master said, Is it not a pleasure, having <u>learned</u> something, to try it out at due intervals? Is it not a joy to have like minded friends come from afar?Is it not gentlemanly not to take offence when others fail to appreciate your abilities?（3）

Ames & Rosemont:The Master said:Having <u>studied</u> to，then repeatedly apply what you have <u>learned</u>——is this not a source of pleasure?（71）

原文的"学"一词，安乐哲、罗思文分别使用了 study 和 learn 两个词，前者强调的是"学习"的过程，后者则表示所学的东西，属于"达成性"词汇。但理雅各和刘殿爵的译文却找不到相应的区分。

《论语·为政篇》中有一句：

子曰"温故而知新，可以为师矣"。

Ames & Rosemont：The Master said:"Reviewing the old as a means of <u>realizing</u> the new——such a person can be considered a teacher. "（78）

原句中的"知"，安、罗二位译者选择了 realize 一词对译。译者们在尝试把古代中国"知"这一术语引入西方哲学语汇的过程中，对儒家的认知论与西方认知模式做过深入细致的研究和对比。通过阅读和研究大量中国古代文献，安乐哲和郝大维认为，"知"具有施行性特征。"首先，在古代中国没有知识和智慧的区分，这表明人们不愿意将理论和实践、事实和价值加以区分。其次，'知'指的是一种对于准确预知一整套连贯的境况的结果的倾向。第三，'知'需要有能力用公共行为的语言来表达将来，使之成为过去"（安乐哲，2006：238-248）。

鉴于以上种种原因，译者们放弃了他们认为具有西方认知向度的 know，而选择了 realize 来翻译"知"。笔者也认为，realize 一词包含了从表层到深层、由简单到复杂、由具体到抽象的认识过程。

《论语·雍也篇》的第 8 章：

季康子问："仲由可使从政也与？"子曰："由也果，与从政乎何有？"曰"赐也可使从政也与？"曰"赐也达，于从政乎何有？"曰"求也可使从政也与？"曰："求也艺，与从政乎何有？"

在翻译"达"一词时，安乐哲、罗思文使用了 know what is going on（105）这一动词短语，为的是表示"通达"这一概念并非人与生俱来的特征，而是在实践中不断积累的经验。理雅各用 man of intelligence（109），刘殿爵用

man of understanding（89）来译"达"，我们就发现，后两人对"达"字的译法其实是对该字做内在规定，而安、罗的译文更符合他们对儒家思想重视过程、重视实践特点的理解。

《论语·为政篇》第 15 章：

子曰："学而不思则罔，思而不学则殆。"

Ames & Rosemont：The Master said:"Learning without due reflection leads to perplexity;reflection without learning leads to perilous circumstances. "（79）

安乐哲、罗思文没有像别的译者那样，把"思"翻译成 thought，而是选择了 reflection 一词。根据《牛津高阶英汉双解词典》第 6 版，reflection 是"careful thought about something, sometimes over a long period of time"，相比之下，过程性的意味更浓。

在《论语·述而篇》的第 20 章，孔子说：

"我非生而知之者，好古，敏以求之者也。"

安乐哲和罗思文的翻译是这样的：

Ames & Rosemont:The Master said, "I am not the kind of person who has gained knowledge <u>through some natural propensity</u> for it."Rather, loving antiquity, I am earnest in seeking it out."（115）

比较理雅各和刘殿爵两人的译文：

Legge:The Master said, "I am not one who was born in the possession of knowledge; I am one who is fond of antiquity, and earnest in seeking it there."（121）

Lau: The Master said, "I was not <u>born with knowledge</u> but, being fond of antiquity, I am quick to seek it."（115）

对于"生"的处理，理雅各和刘殿爵两人都使用了 be born 这个短语，无论是从原文理解还是从语言层面来看，这种选择都无可厚非，因为孔子本来就有"生而知""学而知"的区别。但若从中西对比哲学的角度去考虑，安乐哲认为，儒家世界不存在"超越"的、"先验"的东西，知识也是如此。人虽然生来具有某些可称为"能力"的特征，但这些特征不可算做知识，真正的知识需要通过人的社会交往，通过对文化传统的吸收才可能具备。因此，安氏等人使用了 through some natural propensity 来翻译"生"这一词。该短语有多重含义：出生、生命和生长。它并非一种先在的知识的条件，而是包含了一个人出生、生长的条件，如家庭、环境以及与生俱来的能力等对其教育所产生的影响。

第二节　汉思维的"事件性"与英语的动名词结构

英语中有名词和动名词之分。虽然两者的语法功能相同，但在语义上有明显的区别，名词表示实体、事物的实质，如 thoughts 所指的是人的思想，强调的是内容、实质，而动名词 thinking 表现的则是思维的过程。在其儒学典籍英译中，安乐哲等人多处使用动名词来翻译原文中出现的名词，为的是体现汉语的过程性、事件性特征。例如《论语·学而篇》的第 12 章：

有子曰："礼之用，和为贵。"

Ames & Rosemont：Master You said："<u>Achieving harmony</u>（he 和）is the most valuable function of <u>observing ritual propriety</u>（1i 礼）."（74）

试比较同为哲学翻译的理雅各译文和刘殿爵译文：

Legge ：The philosopher You said,"In practising <u>the rules of propriety</u>, <u>appropriateness</u> is to be prized."（69）

Lau：You Zi said，"If the things brought about by the <u>rites</u>, <u>harmony</u> is the most valuable."（9）

除了对"礼"的特殊理解之外，安乐哲、罗思文还使用了两个动名词词组 achieving harmony 和 observing ritual propriety 就是为了说明"和"及"礼"乃是中国人的生存方式。

《中庸》第 20 章有：

<u>诚者</u>，天之道也。<u>诚之者</u>，人之道也。<u>诚者</u>，不勉而中，不思而得，从容中道，圣人也。<u>诚之者</u>，择善而固执之者也。

《中庸》提出"诚者，天之道也"，"这里的'天道'不是作为与人相对立的客观规律，'天道'即'人性'，人性即是天道。因此才有'天命之谓性'的说法。《中庸》所谓的'天'不是自然之天，而是道德之天、义理之天。它提出的天道观只是为解决人性之所以'善'的问题作出的一种假设。由于'诚'即天道，而天道降于人的即为'性'，因此，人之性体即是'诚'；人性因而也是纯粹至善的。但是人之性体虽然是'诚'，却不是每个人都必然地循本性而行，不能循性而行的，要通过修身才能达到目的。所以《中庸》

又说，'修道谓之教'。能够循性而行的即'自诚明'，通过修身才能做到这一点的则是'自明诚'。人心是否体现天道之诚，是修身的根本问题"（马振铎，1993：154-155）。故《中庸》又说："诚之者，人之道也"。

对于这一章，安乐哲、郝大维的译文是：

Creativity（cheng 诚）is the way of tian, creating is the proper way of becoming human（人之道）. Creativity is achieving equilibrium and focus（zhong 中）without coercion;it is succeeding without reflection. Freely and easily traveling the center of the way——this is the sage （shengren 圣人）. Creating is selecting what is efficacious（shan 善）and holding on to it firmly. （104）

译者用 Creativity 来表示"诚者"，即"天道""人性"，或用安氏等人的话说，是人类的"协同创造性"。用 creating 这一动名词来表现"诚之者"这一修身的过程，可谓一举两得，既较好地体现了原典对"诚之者"修身的强调，又表达了自己用"协同创造"来理解"人性"主张。

再比如，《论语·八佾篇》有这样一句：

定公问："君使臣，臣事君，如之何？"孔子对曰："君使臣以礼，臣事君以忠。"

理雅各、刘殿爵和安乐哲、罗思文三种译文中孔子的回答分别是：

Legge：Confucius replied,"A prince should employ his ministers according to the rules of propriety; ministers should serve their prince with faithfulness." （83）

Lau：Confucius answered,"The ruler should employ the services of His subjects in accordance with the rites. A subject should serve his ruler by doing his utmost." （43）

Ames & Rosemont: Confucius replied，Rules should employ their ministers by observing ritual propriety （1i 礼）, and ministers should serve their lord by doing their utmost. （86）

安乐哲和罗思文的这句译文里，"礼"和"忠"都不遵循传统的本质主义的解释（如理雅各和刘殿爵的译名）rules of propriety 和 faithfulness，而是表示过程、事件，具有动态矢量的动名词词组 observing ritual propriety 和 doing their Utmost。

《论语·为政篇》中，孔子曰：

"非其鬼而祭之，谄也。见义不为，无勇也。"

Legge：The Master said,"For a man to sacrifice to a spirit which does not belong to him is <u>flattery</u>. To see what is right and not to do it is want of courage."（77）

Lau：The Master said,"To offer sacrifice to the spirit of an ancestor not one's own is <u>obsequious</u>."（29）

Ames & Rosemont：The Master said，"Sacrificing to ancestral spirits other than one's own is <u>being unctuous</u>. Failing to act on what is seen as appropriate（yi 义）is a want of courage."（81）

该句中，对于"谄"字的翻译，理雅各用 flattery，刘殿爵用 obsequious，安乐哲用 being unctuous，显然安译更突出"谄"的形成性、变化性特征，而理译和刘译仅仅是对人的本质化描述。

《论语·雍也篇》有这样一句：

仲弓问子桑伯子。子曰："可也简。"仲弓曰："居敬而行简，<u>以临其民</u>，不亦可乎？居简而行简，无乃大简乎？"子曰："雍之言然。"

安乐哲、罗思文的译文是这样的：

Ames & Rosemont：Zhonggong asked about Zisang Bozi. The Master said，"It's his candor that recommends him,"Zhonggong responded."<u>In overseeing the people</u>,wouldn't acting with candor while maintaining an attitude of respect for them recoomend him more?In fact,wouldn't acting with candor while being candid in his attitude amount to an excess of candor?"The Master replied，"It is as you say."（103）

请比较理雅各的译文：

Legge：Chung-kung asked about Tsze-sang Po-tsze. The Master said，"He may pass. He does not mind small matters."Chung-kung said,"If a man cherishes in himself a reverential feeling of the necessity of attention to business, though he may be easy in small matters <u>in his government of the people</u> that may be allowed. But if he cherishes in himself that easy feeling, and also carries it out in his practice, is not such an easy mode of procedure excessive?"The Master said,"Yung's words are right."（107）

句中的"以临其民"，安乐哲用 in overseeing the people 来表现，而理雅各则用 in his government of the people，前者强调施事者参与管理的主体意识，更符合孔子的"德治"思想，而后者只表现了受事者被动接受的情况。

《论语·雍也篇》有：

哀公问："弟子孰为好学？"孔子对曰："有颜回者<u>好学</u>，不迁怒，不二过。不幸短命死矣，今也则亡，未闻<u>好学</u>者也。"

Legge：The Duke Ai asked which of the disciples loved to learn. Confucius replied to him，There was Yen Hui;He <u>loved to learn</u>. He did not transfer his anger;he did not repeat a fault. Unfortunately, his appointed time was short and he died; and now there is not such another. I have not yet heard of any one who <u>loves to learn</u> as he did. （107）

Lau: Duke Ai asked which of his disciples <u>was eager to learn</u>. Confucius answered,"There was one Yan Hui who <u>was eager to learn</u>. He never transferred the anger he felt towards one person to another, Nor did h oved learning. He did not take his anger out on others;he did not make the same mistake twice. Unfortunately, he was to die young. Nowadays, there is no one——at least, I haven't come across anyone——who truly <u>loves learning</u>."（103-104）

该句中，"好学"分别被译为 loved learning 和 loved to learn。这里动名词和动词不定式结构的区别在英语中是一个常识性问题，前者表示一种习惯性行为，后者通常指一次性行为，显然前者更能体现颜回的"好学"；对"短命死矣"的翻译，安乐哲、罗思文用了 he was to die young。动词不定式可以表示"注定"意，表明颜回"短命死矣"与"好学"之间的关联。理雅各则译为 his appointed time was short and he died, appointed 一词其实体现了一种强烈的本质化和超验倾向。

我们曾做过比较，与汉语相比，英语是一种较为静态的，稳定的语言。安氏译文中大量出现的动名词则打破了英语静态性常规，其动态性最能体现孔子思想的事件性、情景性、过程性和感受性，不仅能让读者感受到汉语的活力，同时也带给他们新鲜的感受，这其实就是一种异化的手段，即施莱尔马赫所说的"让读者靠近原作者"，当然比起韦努蒂提倡的使用方言、古语、口语、专业用语等颠覆译入语的稳定性的做法要温和得多，可以说，是一种适度的"异化"。

第三节　逻辑推理与表达方式

句法是最能体现思维过程的语言单位。有关英汉句法的差异，已有学者总结出形合/意合等对比的特征。但是以上对比仅就语言形式而言，关于句法中表现的推理、论证特色，很少有人论及。

所谓推理，就是由前提推导出结论的过程。英语句法以重形式逻辑等特征而著称。逻辑的"必然"是体系的、系统的，因而使逻辑本身成了"等级结构"，环环相扣，层层推进，造成严谨而又极具连续性的推论。

中国哲学同样含有推理的成分，但其中涉及推理的方法、推理的方式与规则等与西方逻辑的表述不一样。有学者认为，"差异大多在逻辑联结语的使用（以及用和不用）上"（黄振定，2007：42）。

纽马克认为，翻译权威作品和哲学作品应当采用语义翻译法。语义翻译是指"在译入语语义和句法结构允许的前提下，尽可能准确地再现原文的上下文意义"（Newmark，2001a：39）。因为，体现原作思维过程的语言形式和句法都是"神圣"的，所以语义翻译采用较小的翻译单位，力求保持原作的语言特色和独特的表达方式。译者第一要忠于作者，其次要忠于原语，最后才去考虑读者。

但是，纽马克的理论主要是针对英语和其相近的欧洲语言（例如法语、德语）的互译而言。用英语翻译相去甚远的古汉语，套用原文的语言形式和句法只能导致译文不堪卒读。要想体现原作的思维过程，就需了解古汉语思维和表达的特征。安乐哲等译者主要运用了增减或改变原文的逻辑关联语的方法试图来表现他们构建的古汉语思维的关联性、变化性与事件性特征。

一、因果逻辑与审美逻辑——逻辑关联词的运用

《论语·学而篇》的第 11 章有这样一句：

三年无改于父之道，可谓孝矣。

这句话中，小句与小句是通过自然的、隐性的手段联结的，其中的逻辑

联系则需读者自己去体会。

《论语》的几个代表性英译对这个句子的处理方法基本一致。请看理雅各、韦利、道森和刘殿爵的译文：

Legge：If for three years he does not alter from the way of his father, he may lrf called filial.（67）

Waley：If for the whole three years of mourning he manages to carry on the household exactly as in his father's day, and then he is a good son indeed.（Waley，1998：7）

Dawson：If for three years he makes no change from the ways of his father, he may be called filial.（转引自 Ames & Rosemont，1998：280）

Lau：If for three years，he makes no changes to his father's ways, he can be said to be a good son.（9）

四个译者的做法都是仿照原文的句式，把句子分为两个小句，增加了表示条件的关系副词 if 来表示两个小句之间的逻辑联系。

表面上看，这种译法就是纽马克所谓的"语义翻译"，句法贴近原文，似乎很"忠实"于原语，只是增加了 if 这一逻辑关联词让隐含的小句之间的条件关系变得清晰明显。

但安乐哲和罗思文的翻译却与众不同。

Ames & Rosemont：A person who for three years refrains from reforming the ways of his late can be called a filial son.（74）

译者没有把原句中两个小句的关系理解为条件关系，而是把"三年无改于父之道"这一小句翻译成一个以 who 引导的定语从句，这样做的原因也是源自他们对中国哲学的整体理解。

在他们看来，《论语》的大多数译者都把儒家思想看成是重本质、重常态的，而对他们来说，动态性和变化性才符合儒家思想的特征。"以上的四种使用 if 从句的标准译法表明，如果儿子能够在父亲死后三年之内仍然遵循其父之道的话，他就会终生无改"（安乐哲，罗思文，2003：163）。理雅各对这句话的翻译做了如下评注：

此言父之道有可取之处。旧说，三年是为父守孝三年，误。"无改于父之道"不应该被限定在三年之内。

但是按照安乐哲和罗思文的理解，此章的意思是，"要在充分理解领会父亲之道，并且经过深思熟虑后，将其道发展完善"（同上）。因此，他们没有使用 if 条件从句，为的是避免读者产生前后句子互为因果的联想。他们的译文里隐含了这样的意义："子辈首先要对礼仪传统致以崇高的敬意，而后将之消化吸收，使之适用于自己所面对的特殊环境"（同上）。

两位译者对前面例举的四个译文的用词也有不同见解。例如"改"被译做 to change to alter to correct，安、罗二人认为，将"改"译为 change "并没有生动地传达出原文的精髓神韵，未能将'改'的 reforming 之意清楚地昭显出来，造成了翻译重要文献时出现的一些典型误解"（同上：163-164）。其中最突出的就是《道德经》第二十五章描写的"独立不改"。此句已有的英译文几乎全作 it stands solitary and does not change。这样一来，does not change 就很难与下句"周行而不殆"pervading everything and everywhere it does not pause 相对应。此处的意思不是"道"does not change，而是万物。它不能通过诉诸于外来动因而"改"变。

译者们认为，古代儒家思想中，一个礼仪社会必然要求传统价值内在化和个人化，因而人们把过程性和暂时性作为对秩序的理解，例如，孔子就明确阐述了改变既定秩序的必要性："人能弘道，非道弘人"和"当仁，不让于师"（《论语·卫灵公篇》）。于是译者选择了 refrains from reforming 来翻译"无改"二字，其深刻的哲学涵义推翻了儿子谨遵父道不改的保守观点。

作为条件从句的关联词，if 具有的语用含义是"以一件事情的发生或真实性来说明另一件事情能够、会或可能发生或是真实的"。（used to say that one thing can, will or might happen or be true, depending on another thing happening or being true.）

（《牛津高阶英汉双解词典》第 6 版）

从字典给出的该定义，我们可以判断，if 引导的从句是主句的充分必然条件，换句话说，一旦条件 A 成立必然会产生条件 B，A 与 B 是决定和被决定的关系，是线型的发生模式。

《论语》中的许多章句，句与句之间的逻辑关系都是隐含的，《论语》的英译者们把其中许多句子之间的关系都理解为决定与被决定的关系，大量使用 if 来明示句子之间的关系,给读者的印象是中国古代思维也与西方的"超越""决定"的模式相似。例如《论语·八佾篇》中的第 3 章：

"人而不仁，如礼何？人而不仁？如乐何？"

理雅各该章的翻译是：If a man be without the virtues proper to humanity, what to do with the rites of propriety? If a man be without the virtues proper to humanity, what has he to do with music?（79）

刘殿爵的译文是：What a man do with the rites who is not benevolent? What can a man do with music who is not benevolent?（31）

安乐哲和罗思文的翻译显然受到了刘译的影响，也采用了近似的句法：What has a person who is not authoritative got to do with observing ritual propriety What has a person who is not authoritative got to do with the playing of music?（82）

不过，"而不仁"在安、罗译文中成了"人"的品质，这样一来，"人"的所指就缩小到有限的范围，并非指一定条件下所有"人"的品格，因此也就排除了西方逻辑命题中"有其因必有其果"的解读。

但是，在译者们认为原文从句确实有因果关联之意的地方，他们则一律使用 if 条件从句。例如《论语·子路篇》中的：

"欲速，则不达；见小利则大事不成。"

安乐哲、罗思文的译文为：

If you try to rush things, you won't achieve your ends；if you get distracted by small opportunities, you won't succeed in the more important matters of government. （166）

《论语·宪问篇》中的第 20 章：

"言之不怍，则为之也难。"

安、罗的译文是：

If one talks big with no sense of shame, it will be hard indeed to make good on one's words. （177）

因为原文中"则"这一表承接意义的关联词带有"什么条件就会产生什么结果"的含义，安、罗的译文正好表现了这种含义。

《论语》的其他译本并未认真考虑"则"这一连词表示的因果推理意义，理雅各和刘殿爵两人是这样翻译的。

Legge:He who speaks without modesty will find it difficult to make his words good. （195）

Lau:Claims made immodestly are difficult to live up to. （259）

《中庸》有这样一句话：

"自诚明，谓之性。自明诚，谓之教。诚则明矣；明则诚矣。"

《中庸》第 21 章

《中庸》认为"诚"为"天道"，而"天道"降在人即是"性"。虽然人之性体为"诚"，却不是人人都能循本性而行。能够循性而行的即"自诚明"，不能循性而行的，通过修身才能做到这一点的即"自明诚"。所以《中庸》又说："修道之谓教"。可以说，"这里的'天道'并非'自然之天'或'上帝之天'，而是指人类道德、义理的原则"（马振铎，1993：254）。

Legge:When we have intelligence <u>resulting from</u> sincerity, this condition is to be ascribed to nature;when we have sincerity resulting from intelligence, this condition is to be ascribed to instruction. （47）

出于基督教士的认知前景，理雅各把"自诚明，谓之性"与"自明诚，谓之教"这两个小句各自之间的内在联系使用了 result from 这一表示因果关系的词组来表现。在基督教看来，"上帝之天"赋予人"性"，因此，result from 自然是体现 A 决定 B 这一关系涵义的理想词汇。

Ames&HaII:Understanding born of creativity（cheng 诚）is a gift of our natural tendencies（xing）;creativity born of understanding <u>is a gift of</u> education （jiao 教）. Where there is creativity, there is understanding;where understanding，creativity. （105）

安乐哲、郝大维的译文则没有使用 result from 诸如此类的表示因果关系的词组，而选择了 is a gift of 这一不带有因果决定意义的普通短语，避免了基督教"天"赋人"性"的宇宙发生观。

二、汉思维的"关联性"与英语的语态和分词

除有意避免过多地使用因果逻辑词来解释儒家典籍之外，安乐哲与合作者还注重在译句中体现他们预设中中国古代哲学思维的关联性、相关性的特征。例如《论语·学而篇》第 16 章：

子曰："不患人之不己知，患不知人也"。

试比较下列三种译文：

Legge：I will not be afflicted at men's not knowing me;I will be afflicted that I do not know men. （69）

Lau：It is not the failure of others to appreciate your abilities that should trouble you, but rather your failure to appreciate theirs. （13）

Ames & Rosemont：Don't worry about not being acknowledged by others;worry about failing to acknowledge them. （75）

三个译文在表达上各有特色，理译点明了原句缺少的主语，但句法过于呆板。刘译用 the failure of others to appreciate your abilities 做主语显得不自然、不简洁。安、罗译文中的 not being acknowledged by others 与 acknowledge them，一主动、一被动语态的使用把原文蕴涵的"人"与"己"之间的关系点化得淋漓透彻。

《论语·颜渊篇》中还有一个类似的例子。

颜渊问仁。子曰："克己复礼为仁。一日克己复礼，天下归仁焉。<u>为仁由己，而由人乎哉？</u>"

Legge:<u>Is</u> the practice of perfect virtue <u>from a man himself</u>, or <u>is</u> it <u>from others</u>?（167）

Lau：However, the practice of benevolence <u>depends on oneself</u> alone, and not on others. （203）

Ames & Rosemont：Yan Hui inquired about authoritative conduct. The Master replied,"Through self-discipline and observing ritual propriety one becomes authoritative in one's conduct. If for the space of a day one were able to accomplish this, the whole empire would defer to this authoritative model, Becoming authoritative in one's conduct is <u>self-originating</u>——how could it <u>originate with others</u>?"（152）

"求仁"是孔子修己之道的核心和实质。在他看来，"'仁'不是人心性固有的东西，而是由外在的东西转化而来的。'仁'是礼乐的原则或精神，'求仁'的实质就是如何使礼乐原则、精神转化为人的'为我之物'。学礼—约之以礼—自觉地循礼行事是孔子'求仁'的三个步骤，是一个循序渐进的过程，孔子把这一既礼求仁的途径概括为'克己复礼为仁'"（马振铎，1993：59-60）。

安乐哲和罗思文借助 self-originating 这一现在分词表现了"求仁"这一行为的主动与进行状态。相比之下，理雅各的 be from 和刘殿爵的 depends on 都只能起到静态描述的作用，无法起到传递原文关联性思维的效果。

三、汉思维的"动态性"与英语的动词、动名词

汉思维的动态性也是译者们在句法层面有意突出的一个特征。在《论语·季氏篇》的第 5 章中，孔子说道：

"益者三乐，损者三乐。"

理雅各把这一句译为：There are three things men find enjoyment in which are advantageous, and three things they find enjoyment in which are injurious.（221）

但安乐哲、罗思文的译文则是：Finding enjoyment in three kinds of activities will be a source of personal improvement;finding enjoyment in three other kinds of activities will be a source of personal injury.（197）

理译的 there be 结构呈现的是静态的，先已存在的事物，而安、罗译文以动名词短语作主语不仅更有动感，更让读者感觉到汉语中事件的变化和过程。

还有一句译文颇能体现安、罗译文语言的动态性特征。

"君子有九思：视思明，听思聪，色思温，貌思恭，言思忠，事思敬，疑思问，忿思难，见得思义。"（《论语·季氏篇》）

Ames & Rosemont: Exemplary person（junzi 君子）always keep nine things in mind：in <u>looking</u> they think about clarity, in <u>hearing</u> they think about acuity, in countenance they think about cordiality,in <u>bearing</u> and attitude they think about deference, in <u>speaking</u> they think about doing their utmost （zhong 忠）, in <u>conducting</u> affairs they think about due respect, in <u>entertaining</u> doubts they think about the proper questions to ask, in anger they think about regret, in sight of gain they think about appropriate conduct （yi 义）. （199）

理雅各的译文是这样的。

Legge：In regard to <u>the use of his eyes</u>, he is anxious to see clearly. In regard to <u>the use of his ears</u>, he is anxious to hear distinctly. （223）

安、罗的译文最明显的特征就是频频出现的动名词。相对于名词来说，动名词具有动态、跳跃感，更适合描述"视""听""言""事"等动作而非用作状态描写，也更适合表现安乐哲等人心目中的汉语思维。

最能突出汉语动态性、关联性特征的译例要数《论语·颜渊篇》中孔子的正名说"君君、臣臣、父父、子子"。

孔子生处的春秋末年，正是西周封建制度遭受破坏，诸侯间相互侵略攻伐，礼乐制度崩坏的混乱时代。孔子认为造成这样的社会乱象的原因之一，就是"名实相违"。因此他提出"正名"的思想，认为只有透过正名以正实的方式，才能恢复周礼的礼制名分、阶级制度，如此也才能使社会转乱为治、转危为安。他在《论语·子路篇》中说：

子路曰："卫君待子而为政，子将奚先？"子曰："必也正名乎！"子路曰："有是哉，子之迂也！奚其正？"子曰："野哉，由也！君子于其所不知，盖阙如也。名不正，则言不顺；言不顺，则事不成；事不成，则礼乐不兴；礼乐不兴，则刑罚不中；刑罚不中，则民无所措手足。故君子名之必可言也，言之必可行也。君子于其言，无所苟而已矣！"

该段文字不但说明了其正名的目的是要"为政"，同时也阐明了名与言之间的关系，以及对社会、政治上的作用。"'名不正，则言不顺'说明了孔子思想中的逻辑推论，名若不正则言辞就无法通顺、达意，言辞若无法清楚，推论就无法进行。正名为立言的前提。名正、言顺就能使在位者推行政令、施行礼乐教化、刑罚得当，使政治社会能够安定。"（曾春海，2009：169）

孔子的正名思想是以正名达到正实，更准确地说，他是以周代早期的器物、礼制之"实"所产生的"名"，来正周代晚期器物、礼制之实，进而改变后实不符先名的乱象。简单地说，孔子的正名，就是用符合周礼的"名"去纠正已经变化的现实。例如：孔子之前有一种上圆下方、腹面和四足均有四条棱角的酒具叫"觚"，可是到了孔子时代，当时流行的"觚"的形状已经改变，但名却未变。所以孔子不以为然地说："觚不觚，觚哉？觚哉？"（《论语·雍也篇》）

《论语·颜渊篇》中，齐景公问政于孔子，孔子对曰："君君、臣臣、父父、子子"。君、臣的前一字为名，后一字为实，父、子亦然。孔子认为每个人守好自己的名分，使名实相符，就可以使社会建立安定、统一的秩序。

安乐哲、罗思文把这一句译为：The ruler must rule, the minister minister, the father father, and the son son.（156）该句中，原文中指"实"的名词让位给译文的动词，"事物"让位给事件，为的是强调汉语传统中作为基础预设的过程性。译者们想通过译文向西方读者表明，孔子哲学所谓的"实"并非先验的、预设好的"实体""存在"，而是要通过具体的实践过程才能成立的"实"。要想名副其实，就要用自己的实际行动来证明。

试比较理雅各和刘殿爵的译文。

Legge：There is government，when the prince is prince, the minister is minister;when the father is father and the son is son.（171）

Lau：Let the ruler be a ruler，the subject a subject, the father a father, the son a son.（213）

相比之下，两人的译文多呈静态、本质性，更接近英语的特征，而安、罗的译文则体现了汉语思维的动态、过程性。

第四节 "道"的实用主义揭示——《论语》译文的语篇连接

语篇是语言的最高层次。译者若想在译文中表达自己对原文文化的理解，不仅要在遣词造句上下工夫，而且要在谋篇布局上精心策划，形成篇内"互文"，这样才能使译文成为一连贯的语篇，给读者提供一种对儒家典籍连贯的解读。

在《论语的哲学诠释》一书中，安乐哲和罗思文两位译者经常在一个段落甚至整个文本中设计了一些彼此关联的隐喻，这些隐喻正是译者们对儒学原典个性化阐释和翻译的结果，构成篇内互文的特色。

例如《论语·宪问篇》第23章：

子曰："君子上达，小人下达。"

Ames & Rosemont：The Master said，The exemplary person （junzi 君子）takes the high road,while the petty person takes the low.（177）

其中的 high 和 low 词义模糊，不便确定所指。不过，《论语》中与该章呼应的有《宪问篇》的第35章：子曰："不怨天，不尤人，下学而上达。知我者其天乎！"欲知"上达""下达"，还要先看什么是"下学而上达"。

孔子的"下学"究竟学的是什么呢？一部《论语》，"学"字数十处，但所指并不明确。通观全篇，发现"学"大致有这几种：1."学稼""学为圃"（《子路》）；2."学诗""学礼"（《季氏》）；3."学文"（《学而》）；4."学道"（《阳货》）；5."学干禄"（《为政》）。

"学稼""学为圃"是孔子否定的，其他科学知识和生产技能也不包括在孔子的"下学"之内。学习生产知识技艺无助于道德修养。子夏在《子张篇》把孔子的这一思想加以阐发："虽小道，必有可观者焉；致远恐泥，是以君子不为也。"子夏并不完全排斥"小道"，他承认小道也有值得欣赏的地方，即百工于小处方能成其事。但仅限于"小道"，无法成大器。君子钻研"小道"，却不拘泥于此，而是跳出事外，把握规律，得出"大道"。

孔子所肯定的是"学诗""学礼""学文""学道"和"学干禄"，归结起来就是学习以礼乐为核心的"六艺"。这样一来，孔子所谓的"上达"也就迎刃而解了。"所谓'上达'就是学习礼乐又不拘泥礼乐的具体规范，而是通过对礼乐的反复学习把握其中形上之道，即礼乐原则或精神，并使其化为主体之仁，从而人生境界得以提升。"（马振铎，1993：68-70）

理解了孔子的"下学""上达"，再来看安乐哲等人的译文：

Ames & Rosemont：The Master said，I don't hold any ill will against tian nor blame other people. I study <u>what is near at hand</u> and aspire to <u>what is lofty</u>. It is only tian who appreciates me."（180）

把这两句译文结合起来看就知道，译者理解的"上"和"下"的区别在于，"下"是指所"学"的具体的、平常的小事；"上"则指从所学东西中提取的精神原则。因此，high 和 low 并无褒贬之分，有的是形上与形下之分。译者精心选择的词汇构筑了语篇内的连贯。比较理雅各和刘殿爵的翻译，他们的"上"虽有形而上之意，却是具备宗教意义的"上苍""上帝"。

Legge：My studies lie low，and my penetration rises high. But there is Heaven——that knows me!（199）

D. C. Lau：I start from below and get through to what is up above. If I am understood at all, it is, perhaps, by heaven.（269）

《论语·公治长篇》第 22 章：

子在陈，曰："归与！归与！吾党之小子狂简，斐然成章，不知所以裁之。"

Ames & Rosemont：The Master was in the state of Chen, and said, "Homeward！Homeward！My young friends at home are rash and ambitious, while perhaps careless in the details. With the lofty elegance of the literates, they <u>put on a full display of culture</u>, but they don't know how to <u>cut and tailor it</u>."（101）

原句中的"斐然成章"，"章"这个形象的本意是"文锦""好衣料"。"斐然成章'，比喻"有文采之貌"（安德义，2007：131）。译者用 put on a full display of culture 解释了该意，没有保留"章"这一意象。不过在后

41

一句"不知所以裁之"中却用了 cut and tailor it，俨然还有"章"的意象在其中。这说明，对于原文中存在的表示物质文化的意象、比喻，译者都尽力如实地传译。

不过，为了表达自己对儒家思想中"道"的独特理解，安乐哲及合作者也故作新诠，借题发挥，以此来达到他们借儒学思想补足西方思想的目的，同时也挖掘出儒家典籍更多的内涵。

最为明显的创造性诠释就是译者在《论语的哲学诠释》一书中多处创造了原文本没有出现的"道"的形象，并且从头到尾一以贯之。本文拿安乐哲、罗思文的译文与理雅各、刘殿爵的译文做比较，请看以下几例：

子曰："《诗》三百，一言以蔽之，曰：'思无邪。'"（《论语·为政篇》）

Ames & Rosemont: The Master said:"Although the Songs are three hundred in number, they can be covered in one expression:"<u>Go vigorously without swerving.</u>"（76）

比较理雅各对"思无邪"的翻译"having no depraved thoughts"（71），安、罗的译文里隐含了一个"道"的意象，意味着"思想不偏离正轨"。

子曰："<u>朝闻道</u>，夕死可矣。"（《论语·里仁篇》）

Legge: The Master said,"If a man in the morning hears the right way, he may die in the evening without regret."（91）

Lau:"He has not lived in vain who dies in the evening, having been told about the Way in the morning."（55）

Ames & Rosemont: The Master said,"If at dawn you learn of and tread the way（dao 道）, you can face death at dusk."（91）

刘殿爵把"道"译成首字母大写的 the Way，尽管也具备"事理的总和"这种意义，但容易让读者联想到《圣经》中的上帝之"道"，"主"为人指明的通向神圣的"道"。按照安乐哲等人的说法，"……Way 的首字母大写使得这个'道'在语义学的意义上带有了'超验'和'神'的换喻意味"（安乐哲、郝大维，2004：15）。理雅各译文中的"道"具有"道理""事理"的意义，但采用的是意译的方法，没有"道路"这一形象在其中，而在安乐哲、罗思文的笔下，"道"不仅是"道理""事理"，它还是"成人之路"，是人在不断成长、提高修养的过程中追求的目标。

在《论语・卫灵公篇》里，

子曰："过而不改，是谓过矣。"

Legge：To have faults and not to reform them this, indeed, should be pronounced having faults. （211）

Lau：Not to mend one's ways when one has erred is to err indeed. （291）

Ames & Rosemont：The Master said, "Having gone astray, to fail to get right back on track is to stray indeed."（190）

原句中并未出现"道"，但安、罗译文中的 having gone astray get right back on track 中明显带有 way， path 这一比喻。

再看《论语・阳货篇》：

子曰："予欲无言。"子贡曰："子如不言，则小子何述焉？"

Legge："If you, Master, do not speak, what shall we, your disciples, have to record?"（233）

Lau："If you did not speak, what would there be for us, your juniors, to transmit?"（329）

Ames & Rosemont：The Master said,"I think I will leave off speaking." "If you do not speak," Zigong replied,"how will we your followers find the proper way?"（208）

"小子何述"本指"晚辈学生转述老师的话"，到安乐哲和罗思文的笔下，却变成了"How will we your followers find the proper way?""我们这群您的追随者如何找到适当的'道'"。在不违背原文总的精神的前提下，译者有意地转换了原文内容，突出了"道"在儒家思想的重要地位。

"道"之形象频频出现、引人注目，大有取代《论语》的核心概念"仁"的倾向。其实，译者真正的意图是强调儒家对"道"的实用主义理解，只关心"天意"而不关心"天"的本质为何的实用主义色彩。其次，译者还欲体现的是儒家思想的独特性，西方人对"仁"这一概念并不陌生，基督教就宣扬"仁慈"，"仁爱"，因此，"仁"并不能起到补充或修正西方思想的作用，而"道"所包涵的过程性、实践性对于西方哲学来说更有借鉴意义。

另一处创造性诠释是 proper 一词的频繁使用，例如"正"一词译作 proper 而非传统的 correct 或 rectify《颜渊篇》第 17 章中有：

季康子问政于孔子。孔子对曰："政者、正也。子帅以正，孰敢不正？"

安乐哲和罗思文的翻译是：

Ji Kangzi asked Confucius about governing effectively（zheng 政），and Confucius replied to him,"Governing effectively is doing what is <u>proper</u>（zheng 正）．If you, sir, lead by doing what is <u>proper</u>, who would dare do otherwse?"（157）

试比较理雅各和刘殿爵翻译的这句话：

Legge：To govern means to <u>rectify</u>.If you lead on the people with <u>correctness</u>, who will dare not to be <u>correct</u>. （173）

Lau:Government（zheng）is being <u>correct</u>（zheng）．If you give a lead in being <u>correct</u>, who would dare to be <u>incorrect</u>?（215）

Note：Besides being homophones, the two words in Chinese are cognate, thus showing that the concept of"government"was felt to be related to that of"being correct".

此外，译者还在译文多处增加了 proper 一词，如《宪问篇》第 22 章的"子路问事君。子曰：'勿欺也而犯之。'"

Ames & Rosemont:Zilu asked how to serve one's lord properly The Master replied,"Let there be no duplicity when taking a stand against him."（177）

《卫灵公篇》第 5 章中的"无为而治者其舜也与？"

Ames & Rosemont:If anyone could be said to have affected <u>proper</u> order while remaining nonassertive. （185）

以上例举的每一句都增加了 proper 一词。

笔者以为，译者之所以频繁地使用该词，原因有二：一方面，拉丁词根 proprius 在 appropriate 或 property 中的意思是 making something one's own，这与儒家把传统内化成为自身品质的思想比较接近。另一方面，译者把关键词"正"解释为 proper，是因为在他们看来，儒家所说的"正"与"正确"或"错误"并无关系，而是指"合适的""适宜的"。事实也如此，《论语》有两处提到孔子对"正"的认识，一处是在《微子篇》，孔子表达对一些忠臣能人的看法，提出："我则异于是，无可无不可"。《子路篇》中，当叶公说到一个人检举其父偷羊的事，并称赞这种行为是"直"。孔子却表示自己所主张的"直"与此不同：为了达到教育的目的，父亲和儿子都应当隐瞒对方的错误行为，即所谓的父慈子孝，才是真正的"直"。因此，对儒家来说，凡事并无绝对的"是非""对错""可以不可以"之分，而是要灵活处理。当然，这并不意味孔子无法判断曲直是非，而是强调儒家教义因时、因地、因人变化的灵活性、动态性。也就是说，凡事做到了"合适""适当"就算达到了最高境界。因此，无论"事君"还是"治国"，只有"舜"这样的圣人才能做到"适当"。译者对 proper 一词的创造性运用也是为体现儒家的中庸之道，即如何在两极之间斡旋以达到"适当""恰当"，而非西方哲学把"正""误"看作是两极的判断，从而达到修正西方思想二元对立传统的目的。

第四章　翻译的类型与典籍英译者的素质

第一节　翻译的类型

一、分类及其意义

随着对事物认识的深化，人们就会根据事物的不同性质与特征，将它们加以分门别类。分类行为标志着人类对事物（现象）本质认识的深化和飞跃。以翻译研究为例，英国当代翻译家、翻译理论家彼特·纽马克（Peter Newmark）根据文本功能和翻译目的的关系，在德国学者莱斯（Relss）和诺德（Nord）研究的基础上，将文本划分为三种基本形式，即表达型文本（expressive text）、信息型文本（information text）和呼唤型文本（vocative text），不但在指导实践方面产生了积极的作用，也推进了翻译研究。这表明，翻译理论界对翻译对象有了进一步的认识。

二、研究型翻译与非研究型翻译

各种翻译的差异是客观存在的。"文学翻译""科技翻译"是根据翻译对象的内容所进行的分类。根据翻译活动本身在性质方面的差异，我们可以将其划分为研究型和非研究型两种。前者复杂，后者单纯；前者以意象翻译为主，后者以事业性概念的双语替换为主；前者除了涉及逻辑思维，还涉及非逻辑思维，例如类比、想象、灵感、顿悟、联想、直觉等，后者涉及逻辑思维，但不涉及或较少涉及非逻辑思维；前者的研究性工作所占的比例大，后者的研究性工作所占比例小；前者的译者主体性强，因而译者发挥创造力、想象力的空间大，后者的译者主体性弱，译者发挥创造力、想象力的空间小；前者所生产出来的翻译文本译者个性明显，后者所生产出来的翻译文本不具有译者个性，或者译者个性微弱。

我们以汉诗和算术等式的翻译为例，来考察两者的区别。

叶绍翁《游园不值》诗题及"春色满园关不住，一枝红杏出墙来"两句有以下译法：

Shut without the Garden

A gardenful of spring can't be shut up，though. Without sight

A twig of apricot flowers is flaming out of the wall!

（卓振英，1996：256）

Visiting a Garden When Its Master Ts Out

The ravishing beauties of the garden could not be contained：

A bough of glowing apricot blooms stretched out of the wall.

（孙大雨，1997：459）

A Closed Garden

The garden cannot shut up the full blooming spring；

An apricot stretches out a branch o'er the wall.

（许渊冲，2000：183）

由于诗句的翻译涉及移情审美和意象重构，译者的个性也存在差异，因此译文各具特色。光是诗题的英译就可能给读者以不同的感受，译文所建构的"春色"与"红杏"就更不用说了，其模糊美、动态美、色彩美之强弱是不同的。

再以《诗经·采薇》（节选）为例：

昔我往矣，杨柳依依；

今我来思，雨雪霏霏。

行道迟迟，载渴载饥；

我心伤悲，莫知我哀。

其不同译法如下：

A 译：

My native willows green and gay

Did wave me farewell in the past;

Now that I'm on my home-bound way,

The sleet is falling thick and fast.

Stricken with both hunger and thirst,

I'm staggering at a place slow;

And worst of all, my heart does burst

With such sorrow as none could know!

B 译：

When i set out so long ago,

Fresh and green was the willow.

When now homeward i go,

There is a heavy snow.

The homeward march is slow;

My hunger and thirst grow.

My heart is filled with sorrow;

Who on earth will ever know!

　　"杨柳依依"有"My native willows green and gay / Did wave me farewell" "Fresh and green was the Willow" "The Willows spread their shade" "The willows were fresh and green"等不同译法，杨柳所负载的情感意义不同；"雨雪霏霏"有"The sleet is falling thick and fast" "There is a heavy snow?" "The snowflakes fly"。"The snow will be falling in clouds"，等不同译法，"雨雪"的意象与所传递的情感信息不同；从译文的韵律、情感、文体色彩看，四种译法也各有千秋。之所以如此，是因为译者的研究能力、翻译策略、知识结构以及对于原文的理解等方向存在着差异。译者个性明显，这正是研究型翻译的特点。词语的选择涉及扩散思维和聚敛思维。翻译过程体现了张今教授所总结的外国语思维和本族语思维的统一，对原作语言形式的感知与对艺术境界感知的统一，语言分析与逻辑分析的统一，思想分析与艺术分析的统一,作者与译者审美经验的统一,逻辑思维与形象思维的统一(参看韩家权、柏敬泽,2003:21)。可以说,研究型翻译也是审美活动与审美创造的统一。

而科技翻译则属于研究型翻译。以等式"二加二等于四"(2+2=4)为例,不论其英译是"Two plus two is four",还是"Two and two make(equal)four",都是数学概念的双语替换,没有歧义,不需要文字考证、原作者研究或版本研究,不存在意象重构一类的创造性思维活动,也没有给译者以操控或表现个性的机会。

三、典籍英译的类型归属

根据研究型翻译的界定,典籍(即历代各领域权威性著作成译,包括汉诗英译,具有研究型翻译的特征,属于研究型翻译的范畴。由于源文本(原作)有多种版本,原作者、原作相关信息丢失或模糊,原文因删简或部分文字亡佚,或因年代久远、语言文化变迁,文字意义难以确定,因而,翻译活动的创造性贯穿始终。有赖于译音研究的问题很多,诸如:

第一,"在典籍英译中,为了制订正确的翻译策略,翻译出成功的译作,就必须对作者的思想、生平,作品的内容、风格、形体、类别、版本和时代背景,现有英译的各种版本,相关的翻译方法论以及决定预期翻译文本文化定位的社会文化因素等进行一番深入细致的研究,通过文化历史观照、文本内证及外证、互文观照以及作品与文本的互证对文本进行语义解释,通过解码、解构、解析、整合对文本进行"文化解读",以便对作品的总意象(total concept)及预期翻译文本的文化定位等做到心中有数。这就是说,典籍英译必须进行总体审度,而总体审度所涵盖的作者研究、文本研究、版本研究、译文本文化定位研究、社会文化因素研究等,都属于研究活动。

第二,在进行翻译决策的时候,对遵循的标准和采用的策略(译文语言形式、文体、文化语义表达等)需要研究。

第三,在进行考辨的时候,需要采用"训诂、移情推理、考据、文化历史观照、文本内证,从外证、互文观照以及诗人与文本的互证等方法",对话语的形式和含义加以研究。

第四，在使用目的语构建原作所表现的风格、情感、意象、需要对词、句、章法、语言形式等加以研究。

第五，正是由于如此，它才比非研究型的翻译具有更大的挑战性和译者介入（或操持）空间，更需要译者发挥自己的才能、学识和创造性。更大的挑战性，是指它难度更大，对译者的研究能力、双语能力、东西方比较文化知识等方面要求更高更严格；更大的介入空间，主要是指在总体审度、翻译决策及风格、意象、意境的再现与重构等方面，译者有较大的发挥个性（包括治学态度、治学方法、知识结构、心理结构、才华学识、创造能力等）的自由度。

第二节　典籍英译者的素养

典籍英译研究是我国翻译理论研究的一个重要方面，典籍英译（包括汉诗英译）的特殊性反映了翻译的普遍性。译者属于翻译学科的研究对象之一，也就是说，译者研究是翻译本体论的组成部分，这是毋庸置疑的。

就译者所应具备的条件而言，作为研究型翻译的典籍英译向我们提出了什么样的要求？让我们运用人才学等方面的有关理论，通过对刘重德教授（以下简称刘）这个典型个案进行分析研究，来回答这个学术问题，以揭示在译者培养和译者个人修养方面具有普遍指导意义的规律。

刘是英语学术界的巨星、泰斗，由于成就卓著，1991 年被授予有突出贡献的教育专家称号，并享受国务院特殊津贴。他曾担任湖南师范大学外国语学院教授、湖南省翻译工作者协会名誉会长、中国翻译工作者协会名誉理事、中国英汉语比较研究会名誉会长，并受聘为英国剑桥国际传记中心名誉顾问、美国传记研究所名誉顾问，1990 年被湖南省人民政府聘为省文史研究馆馆员。

在典籍英译这一领域，刘是十分成功的，堪称优秀专家。

一、以行为本

在物欲横流的社会里，有的人误入歧途、舍义取利，成了拜金主义的牺牲品；在享乐主义的氛围中，有的人好逸恶劳、虚度年华，沦为醉生梦死的寄生虫。在商品经济的时代，道德的修养尤为重要，高尚的品格弥足珍贵。"士有百行，以德为首""士虽有学，而行为本焉""要想学品高，就得人品好""做人的品格与做学问、搞创造的品格之间存在着正负对应关系"——所有这些不是陈词滥调，而是至理名言，治学必先治德，德不高则难成大器。这是古今学者的共识。

二、志存高远

"非志大以成学""人患志之不立，亦何忧令名不彰"。崇高的理想是成功的重要因素，它能给人以巨大的推动力。

刘不但有理想、有抱负，而是他的理想和抱负又是与国家、民族的利益紧密相连的，反映出中国的"士"以天下为己任的优良传统和强烈的社会责任感。

在日本侵华、国难当头之际，为了实现自己强国富国的抱负，刘"历经坎坷，艰苦备尝"。"《左传》有三立之说，或立德，或立功，或立言，三者均为不朽之事业"——这就是刘的价值观和身体力行的人生准则。他师德昭彰，垂范后学，此为立德也；培育人才，交融文化，此为立功也；著书立说，自成一家，此为立言也。难能可贵的是，成名之后，他依然保持着"老骥伏枥，志在千里"的气势，在"八十有三"之年"每天尚能工作八小时"。近年来，他依然笔耕不辍，常常在核心刊物发表文章（其中几篇已被本文引用，兹不列举）。

三、尊师重道

古人认为，尊师对于求学者十分重要。"疾学在于尊师，师尊则言信矣，道论矣。"刘"虚襟恭让，尊师重道"。

刘"尊师"——他是以感激而崇敬的心情谈及自己的老师的。"听他们讲课，如坐春风，如沐化雨，耳濡目染，获益良多"。他说，他之所以能够走上他"所理想的生活道路，并略有成就，首先应归功于……恩师""养我者父母，教我者老师，他们学而不厌、诲人不倦为祖国教育文化事业而鞠躬尽瘁的崇高献身精神，永远值得我们后辈学习和纪念"。

刘"重道"——他带着强烈的社会及历史责任感孜孜不倦地从事他所热爱的典籍英译工作及译学研究。在给"全国典籍英译研究会成立大会暨首次学术研讨会"的贺信中，他说，开展典籍英译，以"加强中西优秀文化之交流，以便互相取长补短，融合发扬，已属刻不容缓"。他那"路漫漫其修远兮，吾将上下而求索"的精神感人至深。正如王宗炎教授所评价的："One thing that would soon strike the reader is the writer's extraordinary diligence and wide coverage He has studied translation theories, old and new，with great patience Starting from Yan Fu, he has gone through numerous works down to the l980s. He has also dug into many volumes published abroad and emerged with brief summaries and interesting comments"。

四、谦虚好学

"不疾学而能为魁士名人者，未之尝有也"。典籍英译工作要求译者具有广博的汉英文化及语言知识，因而勤奋好学是成功者必备的非智力因素之一。

谦者知不足，"知不足者好学"。尽管刘著作等身，却"至今还不断购阅新书……从中国古代经史子集到西方现代理论都有所涉猎"。他"并没有把自己的译论看做是什么可以垂范后世的成熟的学说，实际上，它仍有其不足之处"，只不过是"在翻译标准问题研究的长河中作为沧海一粟，在百家争鸣中聊备一格"。而对于同行专家，即使是晚辈，他也虚心学习其长处。正如他自己所说的，"所有学者专家，都各有千秋，有其长，亦有其短……因而在研讨学术的过程中，应取人之长，补己之不足"。

山不辞坯土，故能成其高；海不厌涓滴，故能成其深。

五、光明磊落

刘提倡"诚实正派，老实做人，踏实做事""对那些假学问以沽名钓誉而不惜剽窃的人，他极为厌恶，因为学问本身就是为了求真""他写文章，凡引用别人的东西，哪怕是只言片语，也都要一一注明出处。"对于外语界的晚辈后学，他热忱地给予扶持勉励。他"很赏识杨自俭、谭载喜、刘宓庆、许钧、穆雷等中青年专家对中国译学理论研究所作出的突出贡献"，称颂汪榕培教授所译诗经"达到了形神兼备的艺术品的标准""达到了相似的格律诗的程度""译者在着手翻译之前，对别人的白话译本和英文译本进行了充分研究，掌握了大量资料""有独特的见解和构思""弥足珍贵，实值赞颂"。

最近揭露出来的学术腐败现象说明，当今的学术界并非一尘不染的世外桃源。蒙混学位者有之，买卖文章者有之，剽窃抄袭者（包括近年揭发出来的一些博士生导师）有之，嫉贤妒能、飞扬跋扈的学棍学霸亦有之。相形之下，这些人是卑鄙龌龊的小人，而刘则是坦坦荡荡的君子。

六、坚韧不拔

郑燮赞美岩竹云："咬定青山不放松，立根原在破岩中。千磨万击还坚劲，任尔东西南北风。"认定一个目标之后，就要以坚忍不拔的精神为之奋斗。刘的学术研究在"文革"中受到影响，但粉碎"四人帮"后，他"心情十分振奋"，以"笔"为题写下了以下的诗篇：

"笔啊，

最难堪是那浩劫十年，

硬逼你让位于扁担，

你只好在案头蒙尘生锈，

一筹莫展，有口难言。

笔啊，

欢呼这振兴中华的新时代，

快抖落身上的尘锈，

重露锋芒，

谱写新的历史的诗篇！"

言必果，刘老 1979 年 5 月即推出其专著《英语 AS 的用法研究》。

典籍英译是呕心沥血、"费时耗力的工作"，十分艰苦。从个人利益的角度看，确实是吃力不讨好的工作。然而，刘在其翻译和研究工作中不计个人功利，耐得寂寞，以苦为乐。

"为了弘扬中华民族的优秀传统文化，向国外读者介绍中国文学遗产，让更多的外国朋友了解中国、了解中国人民、了解中国的文化"，刘与罗志野教授合作校注了《汉英四书》。他对大学生说，"凡是有所'立'、有所成就的有志之士，无不具有这种'择善固执，锲而不舍'的钻研精神"。

这种坚韧不拔、乐于奉献的精神是典籍英译者所应当具备的。少了它，就可能对这项工作望而却步，或是浅尝辄止，半途而废。

七、治学严谨

刘老治学严谨，一丝不苟。他对自己 1949 年出版的长达 35.9 万字的处女译作《爱玛》重新做了修改校审，由广西漓江出版社于 1982 年、1988 年两次印行，但他还觉得尚未能尽如人意，决定重译。湖南人民出版社约请他翻译达尔文评传，"他竟以 70 多岁的年纪啃起达尔文来。他借来好几本达尔文的或关于达尔文的书籍，硬是把那几本书啃完之后才开始动笔"。

目前有的译者对原文不求甚解，对译文敷衍了事、错误百出。究其原因，要在于缺乏严谨的治学态度。古文难懂，古事悠悠，没有这种一丝不苟、"吾将上下而求索"的精神，不可能对别人的译文提出中肯的见解，就不可能译出形神兼备的典籍精品。

八、以学为器

一个合格的典籍英译者仅有良好的道德品格修养是不够的，必须做到德才兼备。苟欲成其事，必先利其器。对于知识分子来说，"器"即是学问与才能。"苟可以为天下国家之用者，则无不在于学"。由于典籍内容涵盖政治、经济、历史、天文、地理、哲学等学科，典籍英译难度大，译者要有所作为，不但要具备广博的东西方比较文化知识，雄厚的英汉语言、文学功底，开拓创新的能力以及文人的才情，而且必须具备娴熟驾驭翻译理论和灵活运用翻译技巧的能力。在学问方面，典籍译者首先必须做到学贯中西。

杨自俭教授曾经提出一些值得思考的问题："赵元任、王力、吕叔湘等老一代语言学家为什么都走上学习外语研究汉语的道路？""吕叔湘先生曾对外语界和汉语界不相往来和两张皮的现象深为忧虑，许国璋和王宗炎先生也都倡导中外文打通。我们应该怎么样理解他们的思想？"我想，就两个学科而言，应该加强交流，做到融会贯通；就学者个人而言，应该提高汉、外两种（或多种）语言的修养，做到学贯中西。在这方面，刘为我们树立了很好的榜样。

刘自幼熟读四书五经，在大学又师从功底深厚的名教授，听了梁实秋的英国文学史、朱光潜的英诗、潘家洵的戏剧选读、叶公超的翻译、钱穆的中国通史、皮名举的西洋通史、燕卜孙的莎士比亚、罗常培的语音学、吴宓的西洋文学史、柳无忌的戏剧。他还选修了冯友兰的中国哲学史，他说："一经他引证讲解，豁然开朗，对我打下广泛的文化基础大有帮助。"

他的才华学识也可以从他本人的著述和有关评论中得到说明。他出版个人专著 4 部，译著 6 部，主编著作及辞书 4 部，与人合作校注了《汉英四书》，在国内外报刊发表的译论、译诗各数十篇（其中专著《翻译漫谈》《文学翻译十讲》分别荣获湖南省社科二等奖和三等奖）。

刘学贯中西，足为后学楷模。

其次，典籍译者还必须做到学术专精。在谈及治学时，刘说，"要想精通一门，必先博览群书。博览是基础，精通是提高。缺乏基础，哪来提高？没有博览，哪来精通？"博览群书，这就是他的经验之谈。

他在 1949 年连载于《英文月刊》第 45 和 46 两期的《〈开明英文文法〉纠误》一文"指出其中的大量错误，论据有力，持论公允，连权威如林语堂博士也只好默认"。刘还就一个单词写出专著《英语 AS 的用法研究》，这样的例子国内外皆属罕见。其学术之广博专精一至于此。

1998 年，刘为湖南人民出版社审读韦利的《论语》英译本，写出两万多字的审读意见，包括译文评注、研究小结和该译与其他两种译本的质量及语言特点。其中译文评注 105 条，"认为韦利值得商榷者 45 条，见仁见智者41 条，属于优劣互见者 19 条"。

其译作《爱玛》深受读者所喜爱，仅 1982、1988 年两次印行，销量就达14 余万册。译诗必须具有诗人的才情。刘在西南联大时加入"南湖"诗社，1934—1944 年所写新诗"仅保留 47 篇，曾分别于《文艺先锋》《文林》等刊物上发表过 15 首"。在译诗方面，刘有独到的见解和主张："写诗讲求形音义三美，而译诗决不可只满足于'达意'，必须力求传神，首先是必须保留原诗的意义（meaning）利意境（artistic conception）；其次，在此前提下，还应该字斟句酌地使译诗具有一定的诗的形式和一定的韵律（rhyme scheme）、节奏（rhythm）"；"文学翻译的信达切三原则，也同样适用于译诗"。他在《汉英对照千家诗》中的十首英译古诗，基本上与原文臻于形神兼似，读起来声韵铿锵，无不是译音追求"音形义三美"这一标准努力的结晶。

刘的译作题材广泛、体裁多样。这些译作无不反映出他娴熟驾驭翻译理论和灵活运用翻译技巧的能力。典籍英译者需要具备这种能力，这是不言自明的。

九、开拓创新

在典籍英译的理论与实践的许多方面，目前还没有现成的路径，尚有广阔的处女地需要开垦、诸多的课题需要研究。因而，译者和研究者必须具备开拓创新的精神与能力。

刘主张"对书籍要有一个辩证的态度：既要多读，又不可盲目迷信。……如果只是鹦鹉学舌，人云亦云，或者只是照猫画虎，依样画葫芦，何来真知灼见？何来创造发明？"在这种"学思结合"的独立思考精神的指引下，刘在理论研究方面独辟蹊径，累有建树。

对于严复提出的"信、达、雅"这一标准，翻译界见仁见智，看法不一。虽偶有质疑，然理论上不甚完备，难成一家之说。刘在肯定严复的贡献的前提下，"参考中外两家意见（严复和泰特勒），取其精华，提倡把翻译原则修订为既一目了然，又比较全面的'信达切'三字；一信——信于内容；二达——达如其分；三切——切合风格"。其理据是，文有雅俗之分，对于不同文体，应酌情处理，"该'雅'就'雅'，该'俗'就'俗'"，"在语言特点上，要力求'切'——切合原文风格，否则，便会弄巧成拙"。

谭云杰教授说："刘老的新三字原则提出后，在我国译界引起强烈反响和共鸣。不少专论、文章称：'新三字原则是对传统翻译理论的继承和发展，特别是易'雅'为'切',将'切合风格'明确地作为衡量译文优劣的标准之一,更是翻译理论上的'大突破'。'信达切'的翻译原则,主张切合原文风格,做到雅俗共赏,在翻译界引起了很大的反响,'刘老在继承优秀的传统翻译理论的基础上,在努力开拓翻译研究的领域中,已经取得了令人欣喜的成就……'"。

在风格的可译性研究、直译与意译问题的研究等领域,刘都有所开拓建树,为这些领域增添了新信息。

在典籍(汉诗)英译外语人才的自我完善以及研究生等新人的培养方面,人们应当有所遵循。刘重德教授为此提供了楷模。本章以之作为范例,提出德才兼备的标准,并将其具体化为志存高远、谦虚好学、坚韧不拔、治学严谨、光明磊落、学识渊博、学术专精和有开拓创新能力等译者必备条件。只有达到这些条件,才能胜任典籍英译的使命;只有具备这些共性,才能谈得上译者的个性。

第五章　中国儒学典籍英译的两种范式

描写翻译研究学派认为，翻译都具有不完整性（partiality），要完全忠实于原文或者达到百分百的对等是不可能的，因为翻译不是发生在真空中，译者作为文化中人（persons-in-the-culture）总会受到所处文化的语言、文学、政治、意识形态等因素的影响，任何翻译都在一定程度上受到译者的操控（manipulation）。这些影响翻译行为的因素在描述翻译学的框架下被统称为规范（norms），本文主要对影响美国 20 世纪的中国儒学典籍英译活动的外围规范——历史文化语境、赞助人和汉学发展的趋势进行了宏观上的分析。这些目的语社会文化等宏观层面的规范对译者的翻译决策有一定的操控作用，但"系统内的专业人士"——译者自身的文化观、翻译观都会影响翻译的策略、原则和方法。本章回到翻译活动的本体，聚焦原文、译本和译者，以皮姆的以"译者"为中心的翻译史研究原则为参照，借助图里的规范概念以及文化研究中的"范式"，采取横向比较和点面结合的方法，从美国 20 世纪中国儒学典籍英译史中选取具有代表性的译本和译者，对影响翻译活动的主体性因素进行分析，并试图发现中国儒学典籍英译和中国文化传播的理想模式。

第一节　翻译范式的分类依据及其基本特征

图里的"起始规范"（initial norms）是就翻译的总体倾向而言，他认为起始规范制约着译者在两个极端倾向之间做出选择——一种是向原语语言和文化靠拢，称为"充分性"（adequacy），即译者尽量忠实地保留原文的各种文化参数；另一种则是服从于目的语语言和文化的规范，称为"可接受性"（acceptability），即寻求最大限度地使译文适应目的语的语言和文化规范。（Toury 2001）在参考图里规范的基础上，通过前面对美国 20 世纪的中国儒学典籍英译史料的梳理，我们发现，译本数量不断增多，质量逐渐提高，译本形态呈现多样化的特点，译本的用途也多种多样，译者的文化身份和职业背景多样化，翻译目的和方式也各有不同，译者所处的历史文化语境也不断变化。但从实际产出的译本看，作者根据译本所接近的规范是原语还是目的语，将其分为两大范式，前者是"文本中心"的范式，后者是"文本相关"的范式。这种分类采用了相对宏观的视角，主要借鉴了文化研究中的"文本中心论"和"相关性"两大范式。依据的是译本所传达的儒学典籍的内涵是否更忠实于原文的意义和作者的价值观为衡量基准，并不以译本的形式和具体的翻译方法为主要依据，即节译、编译、直译或意译等，他们并非影响译本忠实度的关键内容。编译本也可能划到文本中心的一类，如陈荣捷的《中国哲学资料书》（节译/选译）和梅贻宝的《荀子》劝学篇（节译）；而全译也可能会被划为文本相关的范式，如庞德的《孔子的颂歌》和亨顿的《论语》。

"文本中心"的范式最接近儒学典籍文本规范，它把原文和原作者放在其所处的相应历史背景下，以忠实反映原文在历史上的内容、含义和特质为首要任务。"文本相关"的范式则偏向目的语规范，超越对原文本义和特质的探求，转向关注译本可能产生的对当下的意义范围，以文本与当下社会和日常生活之间相关的切入点为重心。（陈立旭，2011，2）这两种译本范式的形成除了受到历史文化语境和意识形态等因素的影响之外，译者的文化观和翻译观也直接影响了它们选择什么样的文本，有什么样的翻译目的和原则，采取什么样的翻译策略和方法，最终影响译本的范式。其中，文化观是指译者的文化取向及其对文化传播的目的、主体、对象和策略的总的看法。翻译观既包括翻译价值观也包括翻译理论观，前者是指译者对翻译的定义、翻译的功能或意义的总的看法和评价；后者包括译者采取何种翻译立场，有什么翻译目的、采用什么翻译策略和其实际的翻译效果。文化观决定了译者对中国儒学典籍的性质、中国儒学典籍英译的目的、原则的界定。译者的翻译观受其文化观的影响，采取相应的翻译理论进行翻译实践。译者自身的职业文化身份或学术背景以及个人的研究兴趣也会影响其文化观和翻译观。

　　"文本中心"范式下的译者，在文化观上都认同中国儒学典籍及其作者在中国儒家文化中的经典地位，对中国文化的态度是理性的，既不盲目夸大，也不有意贬低。在翻译观上，他们还认同中国儒学典籍的英译原则，首先以原文和原作者为中心，以挖掘儒家典籍在中国历史文化传统中的含义和特质为首要任务，以求忠实地传达儒学典籍的特质、再现中国文化的特色和原貌。他们认为：翻译和文化传播的主体应该是对中国儒学典籍和中国文化特质深知熟虑、知识渊博的学者；译本的读者群和文化接受的首要对象是相关学术领域的专家、学者、教授或学生。他们的翻译策略主要是忠于原文的异化表达。除了这些共性特征之外，"文本中心"范式下的译本还受到译者自身的学术背景和个人风格的影响，表现出某些个性特征。可以进一步分为不同的类别。

　　"文本相关"范式下的译本及其译者，在文化观上表现出三种倾向，一是对中国儒学典籍和中国文化的盲目理想化，二是有意无意的贬低，三是关注中国儒学典籍对美国当下社会和文化的作用和意义。三者的共同点是在中美文化交流中的视野狭隘，仅仅关注文化的输入对改造和发展自身文化的有用性，往往忽视中美文化交流同时也是中国文化参与建构全球文化多样化的重要途径。他们在翻译观上认同中国儒学典籍英译的首要原则，并非忠实的反映儒学典籍在中国历史文化传统中的含义和特质，而是将儒学典籍置于与美国当下的社会和文化生活之间相关的点上，以最大程度地挖掘儒学典籍对美国社会和文化的有用性。他们认为翻译和文化传播的主体，不仅局限于对中国文化思想深知熟虑、知识渊博的学者，他们可能是各个领域的专业或业余人士，想要借助中国文化中的某一方面来"为其所用"。译本的读者和文化传播的对象也是各个专业领域，或是对中国文化感兴趣的普通大众。他们的翻译策略是与其研究目的相关的以归化为主的表达。

作者认为，这两种范式下的译本孰优孰劣，不能一概而论，而是要把它们放在中西文化交流的大背景下，辩证地分析其对传播中国文化所起的不同作用，使两者能够达到取长补短之效。其中，"文本中心"的范式，其极端的形式表现为一种纯粹的以文本的解读、本义的探求为目标的"纯文本中心"的范式，另一个极端则是纯粹把文本作为一种工具，以自我表达、思想创造的"纯相关性"的范式。更多的译本其实是在这两个极端之间，程度有所不同。根据图里的"起始规范"，译者总是徘徊于译文的"充分性"和译文的"可接受性"两个极端之间，不断进行调和和妥协。

为了研究的方便，下文从 52 位译者中选取几位具有代表性的译者（译本多或影响大）进行论述。其中，"文本中心"范式下选择了陈荣捷、安乐哲；"文本相关"范式下选择了庞德和白氏夫妇，以点带面地分析美国 20 世纪的中国儒学典籍英译者的文化观和翻译观对其翻译范式的影响，以及两种范式下的译本在中西文化交流中的功能和作用。

第二节 "文本中心"范式下的译本和译者

一、典型性特征和分类

"文本中心"范式下的译本,强调了以原文和原作者为中心,以挖掘儒家典籍在中国历史文化传统中的含义和特质为首要任务,以求忠实地再现中国文化的特色和原貌。从史料部分,我们发现"文本中心"范式下的译本,其译者多是中国儒家文化或以儒、释、道为主的中国文化研究领域的专家学者,并且以旅美华人译者居多。这同他们具备中西哲学和文化的双重素养有密切关系。他们出生在中国,从小受到中国文化,尤其是儒家文化的熏陶,之后来到美国求学、接受西式的教育,切身体悟到儒学与西方哲学的差异,中西两种文化的冲突,比那些在美国土生土长的儒家学者,更能理解中国传统儒家思想的渊源和演变过程,更能够忠实准确地传达中国儒家文化的特质。按照皮姆的说法,这些译者的身份都属于中西文化的重叠或交汇的部分("交互文化")。他们致力于翻译和解释中国儒家经典文本,并将其介绍到美国文化中来。代表性的译者是陈荣捷、秦家懿、梅贻宝、黄继忠和林理彰。除此之外,美国本土译者中也有顾立雅、狄百瑞、安乐哲和罗思文、约翰·诺布洛克、威廉·麦克诺顿等。

"文本中心"范式下的译者,在文化观上都认同中国儒学典籍及其作者在中国儒家文化中的经典地位,认同"每一种文化代表自成一体的独特的和不可替代的价值观念……文化还是,而且也许主要是一种生存方式,感觉和自我感觉方式,一种感受方式,自我表达方式和创造方式,它决定社会最深层次的原始特质的特点。"(转引自郭尚兴,2010,2)这是联合国教科文组织以文件形式阐述的文化的定义,民族文化的性质及对文化多样性的提倡。"文本中心"范式下的译者对中国文化的态度是理性的,既不盲目夸大,也不有意贬低。他们对中美文化交流的看法是客观的,视野是宽广的,借具有差异性特征的中国文化来改造和发展美国文化,同时,也为构建和而不同的全球文化多样化的世界文化格局而努力。对华裔学者来说,中美文化的交流也是中国文化参与全球文化多元化的平等竞争、保持民族文化身份，增强中华民族凝聚力和中国文化软实力的重要途径。在翻译观上，他们还认同中国儒学典籍的英译原则，首先是忠实地传达儒学典籍的特质或差异性，这是中美文化交流的基础。他们认为翻译和文化传播的主体应该是对中国儒学典籍和中国文化的特质深知熟虑、知识渊博的学者，译本的读者和文化传播的首要对象是相关学术领域的专家、学者、教授或学生。他们的翻译策略主要是忠于原文的异化表达。

除了上述共同点。"文本中心"范式下的译本大致分为两种不同类型。一种是纯粹以发掘中国儒学典籍的原义为目的，从原文和原作者的历史背景出发，展现儒家思想的真实面貌，使美国读者从中自行领悟到中西文化的差异，但他们并不标榜中西文化的对比，也不标榜采用某些西方的理论和方法，而是按照在中国传统学术文化中处于核心地位的经学传统，主要是义理和考据之学对原文进行解释和翻译，称之为"注释型"译本。由于中国儒家文化具有较强的阐释性特征，每个朝代都有对元典不同的义理和考据，从而产生新的儒学派别和新的儒学典籍。每部儒学典籍都是"历史上"的文本，都有自己独特的内容、含义、历史地位、价值和功能。"文本中心"范式下的"注释型"译本就是要忠实的反映儒家思想的特质。此类译者在翻译时，特别关注版本学、文字学、音韵学和训诂学，他们一般都具有扎实的经学功底。陈荣捷、梅贻宝、秦家懿、黄继忠等译者就属于此类译本的代表性译者。

第二类"文本中心"范式下的译本与"注释型"译本"不标榜中西文化的对比，也不标榜采用某些西方的理论和方法"不同，他们通常借助比较哲学、比较宗教学、比较文学、史学等理论视角，对中西文化的异同进行比较，表示其要挣脱目的语思维方式的束缚，从中国文化传统中发掘中国儒家思想的特质。他们在翻译之前已经构建好某种中西差异的理论体系，再带着这种理论潜回原文进行翻译。他们所谓中西差异性的理论体系总是贯穿翻译的始终，适用于不同典籍文本的翻译，这样的译本由于十分重视中西文化的差异，因此在翻译策略中会采取极端的异化策略，尤其是对儒学关键术语的翻译，通常会标新立异，以区别与西方文化的不同之处，我们暂且称之为"比较型"译本。此类译本代表性的译者是安乐哲和罗思文、林理彰、德效骞、约翰·诺布洛克等。

无论是"注释型"还是"比较型"，"文本中心"范式下的译本及其译者都以揭示儒家思想的特质和原貌为首要任务，下面有必要对不同儒学派别的特点和儒学的基本精神做简要的阐述。

儒家思想博大精深，在其整个发展过程中涉及哲学、政治、伦理、经济等各方面的理论，集中体现了中国文化的核心价值观和理论品质，赋予了中华民族得以安身立命的根基，也是全人类共同的精神财富。其基本精神主要体现在以下四个方面：一、儒家的精神首先是一种创造性的生命精神。儒家秉持生命的主体精神，曰："维天之命，於穆不已。"（《诗经·周周颂·维天之命》），又曰："苟日新，日日新，又日新。""周虽旧邦，其命维新，是故君子无所不用其极。"（《礼记·大学》）儒家思想中自强不息、生生不已的创生精神，构成了中华民族精神的主体。二、儒家的人文精神，即孔子的"仁学"思想亦是儒家的基本精神。儒家思想虽然极大地宣扬了人自强不息、积极有为的创造精神，但并没有陷入人类中心主义或人文至上主义的窠臼，因此，儒家的人文精神从天人合一的理念出发，是在天、地、人相互贯通的背景下，重天、重地又特别重"人"与"人道"，这与西方思想先重"神"、其次重"自然"，而后才重"人"的发展理路是完全不同的。三、崇尚道义、秉持公正、先义后利是儒家思想的另一基本特质。儒家崇尚道义，憎恨邪恶，把维护道义作为其基本信念。孔子曰："君子行事于天下，无论曲直，义之与此。"（《论语·卫灵公》）君子行事于天下，以"义"作为判断是非的唯一标准。儒家并不反对追求财富和权力，但讲究"君子爱财，取之有道。"，反对以"不义"的手段获得财富和权力。毫无疑问，崇尚道义、秉持公正、先义后利是儒家思想的至上追求。四、贵和尚中，求同存异、和谐共处是儒家思想的另一特质。孔子所谓"礼之用，和为贵"，孟子曰"天时不如地利，地利不如人和"，贵和尚中乃是处理人与人之间关系的基本准则，培育了中国文化海纳百川的博大胸怀，也肯定了事物的多样性统一。"和"指的是不同事物之间的平衡和统一，"中"是这种平衡和统一的度，不偏不倚，不过无不及。《国语·郑语》曰："夫和实生物，同则不继。"儒家认为，"和"乃宇宙万物生长的根本条件之一，也是世界繁荣、丰富多彩的条件之

一。子曰："君子和而不同，小人同而不合。"（《论语·子路》）"万物并育而不相害，道并行而不相背。"（《礼记·中庸》）

可见，提倡万物和谐共处，是一种包容异己，求同存异的和合之道，同时也是协和万邦、民族共存、文化交流的指导原则。

上述儒家思想的基本精神是"文本中心"范式下的译本从整体上所要传达和揭示的内容。但是博大精神的儒家思想在其历史发展的过程中，因思想理念和对元典义理的不同阐释，在不同的历史时期有不同的主题。国内外不同学者对儒学发展的分期略有不同，本文采用了郭齐勇的儒学发展四期说：先秦是儒学的创立期，是中华人文价值的奠基期，也是黄河、长江流域的文化与周边不同族群的文化大融合的时期，初步形成了中华多民族及其文化的融合体。《五经》和《四书》《荀子》等元典文本基本上都在这个时期产生。汉魏南北朝至唐是儒学的扩大期，这是中华民族与周边各民族及域外文化扩大交流的时期，印度佛学文化传入中国，与中国文化、思想、哲学等不断融合的时期。儒学的发展也吸收了道家和佛家的思想。宋至清代是儒学的重建与再扩大期，此时是士庶二元社会结构的解体，文明在全社会下移、推开的时期。也是儒家思想应对佛老的挑战，形成本体论思想的时期。尤其是朱熹，他通过对《大学》《中庸》《孟子》《论语》《周易》等儒家经典的注释，在二程思想的基础上，进行了理论创新，建构了一个以"无极""太极""天理"为最高哲学范畴的"天人合一"的思想体系，大大丰富了中国儒学的本体论思想。后来又形成了陆王心学与程朱理学的派别。清末鸦片战争至今是儒学的蛰伏期。儒学在现代大发展的时期将迎来第五期。（郭齐勇 2009，27）

所谓的儒学经典，作为承载着儒学家思想的文本，也是"一个历史性的动态概念，它的外延是一个不断变化、扩张的过程"（朱汉民 2004，76）儒学经典的作者也在对元典不同义理的阐释过程中构建自己的哲学体系。自孔子删《诗》、编《书》、订《礼》，正《乐》、论《易》、修《春秋》，才有了儒家奉为圭臬的元典文本——《六经》，形成了儒家学派的基本纲领。子思借孔子之口表达了完全形而上学的《中庸》，孟子沿着孔子的内圣之道形成了其心性之学，荀子打着孔子外王的旗号走向儒学的根本转换，董仲舒书之于《春秋》，揉阴阳家之思想入儒家，朱熹对《四书》的重新诠释而构建的以"天理"为最高范畴的新的哲学体系。在对元典的不断阐释的过程中，《五经》发展到了九经、十三经（《论语》《孟子》和《礼记》中的《大学》《中庸》两篇，加上《尔雅》和《孝经》）。《荀子》虽然不在"经"之内，但鉴于它在中国儒学史上的重要地位，也算作儒家经典。之后，历代不同儒者针对《十三经》进行传、注、疏、解等阐释方式所产生的著作，都是儒学典籍。儒学正是在对元典的不断阐释中发展的。

由此可见，不同历史时期的儒者对同一元典文本的阐释是不同的，因此，对"文本中心"范式下"注释型"的译者来说，对儒学典籍的含义和特质的正确理解和翻译，首先意味着一定要明确典籍所处的不同历史时期及其义理结构。以《论语》为例，从春秋战国到宋明时期，有众多注疏、集注产生。从西汉孔安国的《论语训解》到东汉何体的《论语注训》、郑玄的《论语注》，从魏晋南北朝时期何晏的《论语集解》和皇侃的《论语义疏》，再到宋代儒学大发展时期的 250 余部《论语》的注解，如邢昌的《论语注疏》、程颐的《论语说》、朱熹的《论语集注》等。再以朱熹的《论语集注》为例，该书吸收了两汉和魏晋的古注，又融入了自己的见解。融注音、训诂、考据、义理于一体，且以义理见长，是继郑玄的《论语注》、何晏的《论语集解》、邢昺《论语注疏》之后《论语》学史的又一个标志性注本。（唐明贵 2009，310）在翻译《论语》时，如果选择朱熹的《论语集注》为底本。那么，在理解时必须从三个方面挖掘原义：《论语》原文，朱熹所参考的汉魏古注，以及朱熹自己的义理。再者，不同儒学派别对同一儒学术语的理解也是不同的，因此，"文本中心"范式下的译者对儒学典籍的含义和特质的正确理解和翻译，还意味着，要区分不同儒学派别或不同儒学典籍对同一儒学术语的不同解释。以"心"为例。在甲骨文中，"心"是象形字，最原始的意义，在《尚书》中就是指心生理器官。"心，人心、土藏，在身之中。象形。"到战国时的孟子，心就变成了人的心理，如："心之官则思"，同样还是孟子，他又提出"仁、人心也。"以及著名的四端说，进一步将"心"从心理推到伦理层面。宋明理学中的陆王心学则使"心"具有了万物之本体的意义，完成了从伦理到哲学概念的转变。因此，在翻译"心"时，要视具体的语境而定，作生理器官时，则译为"heart"，心理、伦理和哲学含义，最好译为"mind"，但有时生理与心理两者兼具的时候，也可译为"heart-mind"，或者"heart and mind"（安乐哲译）。

二、陈荣捷及其"文本中心"范式下的"注释型"译本分析

（一）学术背景和主要成就

陈荣捷（1901—1994）是美国学界中国哲学研究的领军人物，望重士林。在美国推动中国哲学研究的发展上所作出的巨大贡献，无人望其项背。崔玉军（2010，19-20）在《陈荣捷与美国的中国哲学研究》一书中，从三个方面评价陈荣捷的贡献。首先，陈荣捷是有史以来在海外讲授中国哲学和从事中国哲学专门研究时间最长的华人学者。自 1936 年从岭南大学转任夏威夷大学，担任中国文化教授，到 1983 年退休，陈荣捷在美国讲授中国哲学长达半个多世纪，是在美国终生以促进中国哲学研究为志向的唯一一位华人学者。第二，陈荣捷是最早在美国推动新儒学研究的华人学者。国外学术界对中国哲学素有"秦汉之后无哲学"的误解，直接导致了西方学者对宋明以来的中国哲学的新进展的忽略。从 1975 年起，陈荣捷开始和狄百瑞教授一起在哥伦比亚大学共同主持新儒学思想讨论班，一直持续到他 1994 年去世。正是在他和狄百瑞等人的共同努力下，国际学术界从 20 世纪 60 年代开始才逐渐将研究范围从先秦儒学扩展到宋明理学，同时，他身体力行，自己撰写、翻译了大量儒学经典著作，在教学之余，他共撰写中英文著作 27 部，论文 160 多篇，研究范围涉及中国哲学的各个方面，尤以朱熹为主，从而在 20 世纪 80 年代的美国哲学界兴起了"朱熹热"，他自己也被认为是与钱穆先生齐名的朱熹研究权威。第三，陈荣捷的贡献表现在他的经典翻译上。他编译的《中国哲学资料书》是欧美第一本系统、全面地介绍中国哲学思想发展的资料汇编，成为英语国家研究中国哲学的最主要的参考书。他还英译了新儒学的三大典籍《传习录》（Instructions for Practical Living，1962），《近思录》（Reflections on Things at Hand，1967）和《北溪字义》（Neo-Confucian Terms Explained，1986）；另外还译有《六祖坛经》（The Platform Scripture，1963），《庄子》（Philosophy of Chuang Tzu，1929），《道德经》（The Way of Lao Tzu，

1963）等佛道两家的经典。他还于 1960 年开始为《大英百科全书》编写中国哲学相关论文。编译《中国哲学词典》。正如黄俊杰在《陈荣捷先生的学问与志业》所言：他毕生皆坚守中国哲学岗位，著述宏富，英译中国哲学典籍八种、英文论著四种、中文论著七种，其余中、英文等论文 138 篇。先生治学方面甚广，尤以宋明儒学研究成果最为丰硕，朱子学研究允为权威。"（黄俊杰 2006，4）

可见，陈荣捷有坚实的学术功底以及全面、开阔的学术视野，研究范围以儒、释、道三家为主，兼及其他诸子百家的全面的中国哲学思想体系。他的著作和译作不仅为美国，而且为整个英语世界的中国哲学研究都打下了坚实的文献基础，扩大了中国哲学在西方学界的影响，并且有补偏救弊之效。陈荣捷把包括儒家思想在内的中国传统思想文化作为与西方哲学平起平坐的学科范畴，进行全面系统的学术性研究和翻译，集中体现在他 1963 年编译出版的《中国哲学资料书》（A Source Book of Chinese Philosophy）。

（二）《中国哲学资料书》与陈荣捷的文化观和翻译观

《中国哲学资料书》于 1963 年由普林斯顿大学出版社出版。一方面，作为中国哲学文献的选编读本，该书注重从哲学的层面上全面、系统地介绍中国传统文化。因此，该书选入了上自先秦的孔子、老子，下迄新儒学的张东荪、冯友兰、熊十力等 45 位哲学家的主要著作或章节。全书共 856 页，分为 44 章，四个时期，其中先秦诸子百家十三章，汉、魏、唐连同佛教十三章，宋明理学九章，清代及现代九章。其中对现代新儒家张东荪、熊十力的介绍在西方是第一次。译本之前有两张历史年表，一张是中国从上古时期到 1949 年各个朝代的历史年表；第二张是对每个哲学派别的主要哲学家的生卒年表。书末有中国哲学术语的翻译的附录，还有长达 19 页的中英人名、地名和朝代名的中英文词汇对照表和索引。该书对中国哲学史上所有重要的哲学家和著作都一网打尽，被学者称为"学案式"的著作（转引自崔玉军 2010，266）。另一方面，作为一部中国哲学典籍的编译本，该书全译了《大学》《中庸》《老子》和周敦颐的《通书》4 部典籍，其余大多是节译。儒学典籍方面，陈荣捷全译了《大学》《中庸》和周敦颐的《通书》；选译了《论语》、荀子的《中天论》《正名》和《性恶》三篇；《诗经》中的《丰年》《烝民》《维天之命》《大雅·文王》和《大雅·皇矣》；《尚书·召浩》《尚书·洪范》；《左传·僖公五年》《左传·昭公七年》和《左传·襄公二十四年》；董仲舒的《春秋繁露》选译了《深察名号》第三十五、《五行之义》第四十二、《人副天数》第五十六、《同类相动》第五十七；选译了杨雄的《法言》、王充的《论衡》、邵雍《皇极经世书》、张载的《西铭》《正蒙》，程氏兄弟的《二程全书》、朱熹的《论说》《语录选》，王阳明的《大学问》《传习录》选录，王夫之《船山遗书》选录、戴震的《孟子字义疏证》、康有为《大同书》选录和谭嗣同《仁学》选录。

整部书在结构安排上，基本按照历史顺序，介绍每个阶段重要的哲学家的著作及其哲学思想。选译部分的哲学文本也基本上是按照它们的原始顺序和章节，只是为了保持思想的连贯性，也为了能够让读者快速的掌握儒家思想的精神特质，陈荣捷在选编的每部分之前都加了一个标题来提示该部分的主旨。如《论语》的标题是"孔子的人文主义"；《孟子》则是"理想主义的儒家：孟子"；《大学》的标题是"道德与社会的鸿猷"；《荀子》的标题是"自然主义的儒家"；等等。此外，从编入的儒学典籍的分布上看，除了元典文本《五经》和《四书》外，宋明理学的著作共9章，占了全书的一半还多的比例。陈荣捷在前言中就指出了西方学者对中国儒家思想的研究由来已久，但却仅局限于先秦儒学，而不知宋明理学及其后的中国哲学思想的重要性。因此，此书的编译范围将照顾到儒、释、道三家，并平衡儒家各个时期的重要哲学家和著作，陈荣捷在选择哲学家及其代表作进行翻译时，完全按照中国儒学的发展轨迹，根据哲学家对儒学发展的贡献大小来选译，而不受当时西方学者的研究兴趣所主导。（Chan 1963，Preface，ix-x）这正体现了他从原文出发，根据中国哲学自身的特点来翻译的观点，同时，纠正了当时从西方学术的观点研究中国儒学典籍的偏见。

从该书编纂的目的上也能看出陈荣捷"文本中心"范式下的文化观和翻译观。从20世纪50年代，美国各高校在哥伦比亚大学的狄百瑞的倡导下，提倡人文通识教育。陈荣捷的经典翻译，正好顺应了当时的时代潮流。他强调，要想真正理解中国哲学的内涵，必须从哲学家的原著入手，因此，对西方读者来说，跨越语言的障碍是基础，全面系统的翻译中国哲学原著是一项亟待解决的问题。他在该书的前言中也明确指出："本书起源，上溯至 20世纪 40 年代之初，当时与摩尔在夏威夷大学致力于东西文化的沟通。而当时西方人对东方思想仅局限于上古时期，可谓毫无进展，且视东方思想为消极的。如奉基督教之"爱人如己"为金律，而儒家之"己所不欲，勿施于人"为银律，而不知从未有注家解作消极者。儒家由亲亲而仁民而爱物，孟子亦明谓与之聚之。我国经济破产、官僚贪污，打倒孔家店声浪日高，专事攻击其弱点，知识分子倾慕西方，谓西方之月亮亦比东方之月亮为光明。于是益增西方消极之观点。摩尔与予乃决定翻译东方思想全部，使读者可以观之。"（自序陈荣捷 2006，1）也正如摩尔所言，这本资料书致力于为西方读者呈现一部能够真正理解中国思想文化的基础之作。（This Source Book is devoted to the purpose of providing such a basis for genuine understanding of Chinese thought.）（Chan 1963，Foreword，vii）陈荣捷编译此书的目的进一步向我们揭示了他的翻译观和文化观：旨在通过典籍的翻译，客观、全面和系统地介绍中国哲学，从而促进中西文化的沟通和理解。陈荣捷是以一个严肃的学者身份，平等而客观地看待中国哲学文化，而不是作为一个中国文化理想主义的狂热信徒去推销和夸大中国哲学文化。这种对待中西文化冷静、客观、严肃、认真的态度，明确了他的翻译观是对中国思想文化内涵的真实、全面、客观的揭示。该译本的读者群定位在所有对真实的中国文化感兴趣的学者、大学生和认真的读者。（Chan 1963，Foreword，viii）其中从"知识分子倾慕西方，谓西方之月亮亦比东方之月亮为光明"一句，也可看出陈荣捷编辑此书也是为了重新让中国知识分子看到中国文化的博大精深之处，这无疑传达了陈荣捷要通过典籍的英译维护民族文化身份、增强民族自信心与凝聚力的良苦用心所在。

　　该书"事必躬亲、溯本求源、全面翻译"的翻译原则更是体现了陈荣捷忠实地传达儒学典籍特质的"文本中心"的范式。正如陈荣捷所言：书名必译，有词必释，引句必溯其源……使读者得知我国思想之承前启后、今古一贯。"（陈荣捷 2006，2）黄俊杰在中文版的序言中也指出了《中国哲学资料书》编译的七个原则：1. 尽量参读各种经典注疏；2. 所有的中国哲学名词必须加以解释；3.所有的专有名词诸如"五常"等，都必须详举其内容；4.所有的引用书籍或论文，均译其内涵为英文；5.所有的地名或人名，均加考证或说明；6.所有原典之引文，尽量追溯其出处；7.对经典中若干重要的章句，均指出它在中国哲学史上的重要性。（陈荣捷2006，10）所有编译文本，陈荣捷均采用他自己的译文，一方面是为了保持翻译的前后一致性。因为无论是作为一部哲学著作还是整个哲学史的一个部分，一致性都有助于读者对典籍内涵的正确理解和把握。例如《论语》中的核心词"忠信"分别出现在1:8；5:27；7:24；9:24；12:10；15:5，其对应的译文都是"loyalty and faithfulness"（Chan 1963，Preface，x）。另一方面，是因为以往的翻译，很多都没有认真参考典籍的最新研究成果和评论，而这些评论是相当重要的，比如《老子》相关的注释和评论多达350多部。陈荣捷在翻译的时候参考了绝大多数重要的评注。由此足见陈荣捷深厚的哲学功底和严谨的学术作风。

从对儒学核心术语的翻译上，也能看出陈荣捷异化的翻译策略和忠实传达儒家思想内涵的翻译观。陈荣捷对每个术语的翻译，首先找到这个词最早的出处及历代的注疏，然后再认真比对其他译者的翻译，发现其中存在的问题或高明之译笔，以资借鉴，同时再三揣摩，以求贴切原文之风貌。如《近思录》的标题"近思"的翻译，他首先从《论语》中找到该词出处，参考了韦利的"thinks for himself about what he has heard"、尼达姆（Needhamd）的"Systematic thought"、张君劢的"reflective thought"、理雅各的"reflecting without self-application"等。他认为这些都只是翻译出来了"Self-appplication"的意思，而忽略了"nearness"的含义，于是，他就在深思熟虑之后，给出几种译法，"thoughts for immediate application""reflections for immediate application"和"reflections on things at hand"最后才决定使用最后一个。（Chan 1963，785）

它在文末的附录中，专辟一节讲中国哲学术语的翻译（On Translating Certain Chinese Philosophical Terms，PP. 783-791）。这是因为，他发现中国哲学中的一些核心术语的翻译存在很多问题。人们通常按照它通俗的字面意义翻译，而不能体现其真实的哲学内涵。尤其是宋明理学的一些哲学关键词，如"敬"通常翻译为"reverence"，显然不能说明宋明理学的"敬"

（"seriousness"），造成这种误译的原因是汉语词典或百科全书所搜集的大多是文学术语，而中国哲学术语较少，在翻译时可参考的工具书也太少。还有一个问题是这些哲学术语本身含义复杂，在英语里很难找到对应词。这时，人们通常会选择音译，但是陈荣捷总是把音译的数量降到最低，不得已的情况下采用拼音加文中注释的方式，如 yin（dark，negative，passive，or female principle，force，or element）和它的反面 yang（W. Chan 1963，783）。阴、阳这样的术语只能音译，但其他的还是尽可能找出大致对等的译词。除了尽量避免使用音译之外，陈荣捷还提出要尽量避免"字对字"的直译，一定要通过正确的理解之后再翻译，如《大学章句》，按字面直译就是"punctuation and redivision of the Great Learning"这就和朱熹（1130—1200）对《大学》进行的重要的诠释和注解意义相去甚远，不如"commentary"更合适。当然，有的词由于本身含义的丰富，翻译时就要体现出其含义的多样性。如"自然"（tzu-jan）it means spontaneity，nature，to follow nature，etc. "文"（wen）可以理解为 pattern，literature，signs，ornament culture 等（Chan 1963，783），再有"气"（Chi），作为宋明理学的一个核心术语，有多重含义 subtle，incipient，activating force，concrete thing、material force which is opposite to li（Principle）。在宋明理学之前，"气"主要是同气血运转相关的一个心理和生理相关的力量，因此，在宋明可以译为"vital force"或者"vital power"这样，孟子的"浩然之气"就可以译为"strong，moving power"（Chan 1963，784）。

同一个哲学术语的不同翻译一定要结合具体的作者和他所归属的相应的哲学派别来定夺，而不能望文生义。有很多译者就是因为忽略了同一个哲学术语在不同的哲学流派之间，有的甚至是同一个流派在不同的发展时期的不同理解，而造成了误译，例如，上文提到的"敬"（Ching）在先秦儒学家那里主要是和"恭"（Kung）互换使用，可以翻译为"reverence"，但是在宋明理学中，"敬"和"恭"的意思却截然不同。南宋理学家陈淳（1153—1217）指出："恭"主要指人的外在表现，对他们的尊敬，而"敬"则是指人的内在努力。"（Chan 1963，785）这两个词的区别最主要的就是"恭"和具体的实物联系起来，而"敬"则是一种心态。张君劢（1886—1969）把它译为"attentiveness"and"concentration"，葛瑞汉译为"composure"，显然是把

"敬'，和禅宗的静心联系起来，但陈荣捷认为都没有传达出来宋明理学对"敬"的理解：处理事情时所表现出的努力的态度。the Neo-Confucianists emphasized making an effort in handling affairs, an effort not stressed by the Zen Buddhists.（Chan 1963，785）因此，他在译文中选用了 Bruce 的译法"seriousness"。

另外，陈荣捷认为，判断哲学术语的翻译是否恰当的首要标准，就是看翻译是否够涵盖该词的基本内涵。如"忠恕"的翻译，"conscientiousness and altruism"其实"忠"就是要深入发展自己的善心，而"恕"就是把善心推及到对待他人，其实就是儒家的"金律""仁"的两个方面，"忠"是对自己的要求，"恕"是对别人的善心。恰当的翻译首先要涵括这两个方面的内涵。陈荣捷注重对哲学术语的内涵的准确理解和翻译，并且认为好的翻译首先要能够涵盖这个术语的基本内涵，并且能表达出这个术语在不同历史时期中理解的细微变化。例如，"仁"的翻译也有很多。基本内涵主要有两个方面，一个是指具体的某种美德，一个是宽泛意义上的美德，所有善义的基础。下面这些译法都不能同时涵盖这两方面的意涵。benevolence，perfect virtue，goodness，human-heartedness，love，altruism，etc."仁"在儒学内部的意义也有不断的发展变化，如孟子指"人心"（man's mind），汉儒认为"仁"就是爱（love）或人们在一起（men living together），韩愈认为是博（universal love），宋明理学家认为是"impartiality，the character of production and reproduction，consciousness，seeds that generate，the will to grow，one who forms one body with Heaven and Earth，or "the character of love and the principle of mind."到了近代，谭嗣同则认为"仁"有"ether and electricity"的含义。要确定如何翻译"仁"，同时要照顾它词源学上的意义：仁就是指社会中的人，其中左半边就是人的象形字，右边的数字是泛指多。在《孟子》和《中庸》中，"仁"就是"人"。韦利（Waley）译成"Goodness"，体斯（Hughes）译为"human-heartedness"，卜德（Bodde）译为"love"，德效赛译为"benevolent love"，林语堂的"true manhood are good"。所有这些翻译虽然都反映了"仁"的某个侧面，但都没有体现其词源学上的意义。陈荣捷最后从卜弼德（Boodberg）的"humanity"and"co-humanity"中选择

了"humanity"来翻译"仁"。（Chan 1963，789）

黄俊杰在汉译本《中国哲学文献选编》的出版前言中评价道：这部书可以视为第二次世界大战以后，欧美汉学界的出版品中，选材最公允，论断最审慎的作品，自有其"不废长江万古流"的永恒价值。该书自出版以来先后再版5次，一直是西方学者了解中国哲学的最主要的参考资料之一。这本书的中文译本1993年由台湾几位学者（以黄俊杰为首）翻译并出版，译名《中国哲学资料书》，2006年又由凤凰出版传媒集团再次修订出版，译名《中国哲学文献选编》。中文版的出版，进一步说明了此书对当前中文世界中所具有的重大意义：一是对20世纪以来，随着越来越多的新的出土资料大量公之于世，史学工作者大多流于用新资料来解释，而贬低旧的文化典籍；二是五四运动以来各种西方社会理论和社会科学的方法不断被引入中国学术界，他们多以西方理论为依傍，而忽略了中国典籍的丰富内涵。这部《中国哲学文献选编》，取材完全以中国旧籍中有关中国哲学思想至史料为范围，对当下中国哲学及中国思想史研究蜂起的转变，有深刻意义。（陈荣捷2006，17）

三、安乐哲及其"文本中心"范式下的"比较型"译本分析

（一）学术背景和主要成就

安乐哲是一位中国古典文化的热心阅读者与传播者，美国当代比较哲学家、中国典籍翻译家。他目前担任夏威夷大学哲学系教授、夏威夷大学和美国东西方中心亚洲发展项目主任、《东西方哲学》主编及《国际中国书评》主编等学术职务，是美国20世纪90年代后中国典籍英译的集大成者。他的成就与他的学习背景关系密切，安乐哲早在18岁时就留学香港大学，聆听牟宗三、唐君毅等哲学大师的教诲，后来在台湾大学完成哲学系的研究生学业后，又到哥伦比亚大学学习中国哲学，而后转到伦敦大学攻读博士学位，在那里师从了"西方最受尊崇"（安乐哲语）的中国哲学翻译大师之一刘殿爵。刘先生一贯主张阅读中国哲学原始文献，这对安乐哲思考如何研究中国哲学产生了极为深远的影响。当代西方最著名的汉学家之一，安格斯·葛瑞汉（A. C. Graham）当时去过伦敦大学讲学，他对于中国哲学的"关联性思维"

的研究也给了安乐哲不少启发。完成了伦敦大学的学业后，安乐哲在其师刘殿爵的推荐下顺利获得了夏威大学哲学系的教职，该大学早年在陈荣捷等人的努力下，成为美国最早成立中国哲学系的高校，而且该校的哲学系是西方唯一授予中国哲学、日本哲学、印度哲学、佛教哲学以及伊斯兰教哲学博士学位的哲学系。到夏威夷大学不久后，安乐哲即开始了与郝大维的学术合作，在持续二十多年的合作生涯中，两人就中西哲学比较先后共合著了六部学术专著，其中有代表性的著作有《通过孔子而思》（Thinking Through Confucius，1987），《期待中国：透过中西文化的叙事而思》（Anticipating China:Thinking Through the Narratives of Chinese and Western culture，1995），《由汉而思：中西文化中的自我、真理和超越性》（Thinking 加 m Han:Self, Truth, and Transcendence in Chinese and western Culture，1998），《先哲的民主：杜威、孔子与中国民主之希望》（The Democracy of the Dead:Dewey, Confucius, and the Hope for Democracy in China，2002）等。安乐哲的个人著作有《主术：中国古代政治制度之研究》（The Art of Rulership:A Study in Ancient Chinese Political Thought，1983），《自我的圆成：中西互镜下的古典儒学与道家》（2006）以及讲演丛书《和而不同：比较哲学与中西会通》（2002）。

安乐哲虽然没有出生在中国，但是他早年在中国的留学经历以及他和中国哲学界和翻译界泰斗的师承关系，使得他比其他美国本土译者更能深刻的理解中国的哲学传统。同时，他又浸润在西方哲学的大背景下，因此，对中西哲学文化的差异更具敏感性。

本着会通中西哲学，让西方人了解真正的中国哲学，并以此来反思西方的文化传统之目的，安乐哲开始着手重译中国哲学典籍。从 1993 年到 2009 年的 16 年间，他分别与刘殿爵、郝大维、亨利·罗思文三位译者合作翻译了六部中国古代典籍：《孙子：战争的艺术》（Sun-tzu:The Art of Warfare，1993），《孙膑：战争的艺术》（Sun-bing:The Art of Warfare，1996）（与刘殿爵合译）、《原道》（Yuan Dao:TracingDao to its Source，1998）（与刘殿爵合译）、《道德经：使此生富有意义》（Daodejing:Making This Life Significant，2002）（与郝大维合译）、《论语：哲学翻译》（The Analects of Confucius:A

Philosophical Translation，1998）（与罗思文合译）、《切中伦常：中庸的英译与新译》（Focusing the Familiar:A Translation and Philosophical interpretation of Zhongyong，2001）（与郝大维合译），以及新近出版的《孝经》（The Chinese Classic of Family Reverence:A Philosophical Translation of The Xiaojing，2009）（与罗思文合译）。

由此可见，安乐哲的哲学翻译与陈荣捷相比，虽然都是以反映和揭示中国哲学的特质，让西方人更好的了解中国哲学为取向。但是陈荣捷强调的是"客观""全面"，并不标榜某种理论，也不对中西哲学进行比较。安乐哲更多的是以美国人的视角，借中国哲学的特质来反思自身文化存在之问题。因此，他采用了中西比较哲学的方法，强调"对比"和"差异"，并且在翻译之前就对中西语言、思维、文化等诸多方面的差异构建了成熟的理论框架，他对哲学典籍的翻译无不体现了他比较哲学的文化观和翻译观。

（二）《论语：哲学翻译》与安乐哲的文化观和翻译观

安乐哲和罗思文合作的《论语：哲学翻译》（The Analects of Confucius:A Philosophical Translation）1999 年由兰登书屋旗下的纽约 Ballantine 公司出版。全书共 326 页，其中，译文部分仅占 158 页（PP. 71-229），全书一半以上的篇幅都放在对历史、语言和哲学背景的介绍和译文的注释上。

该书包括长达 70 页的导言，由两部分组成。第一部分（Historical and Textual Background）系统地介绍了孔子及其《论语》的历史和成书背景，并按照历史发展顺序，介绍了儒学从孔子到孟子、荀子的发展，以及儒学典籍从《五经》到《四书》的形成过程；第二部分哲学和语言背景（Philosophic and Linguistic Background）则主要对中西方语言、思维方式和哲学观的异同进行了详细地阐释。他指出古汉语和英语（以及其他印欧语言）最根本的区别在于，前者是一种"事件性"（eventful）的语言，而后者是一种"实在性"（substantive），"本质性"（essentialistic）的语言。古汉语的施事功能大于其描述功能。"体现在词性上，英语的本质主义体现在其定冠词表示"仅且唯一"。一个句子中使用的同一个代词必须指向同一个事物，而古汉语没有定冠词，代词的功能也各有不同，是一种动态的、关联的和过程性的表达

（Ames and Rosemont 1999，20-21）。另外，他还强调了古汉语与现代汉语（口语和书面语）的不同，现代汉语中只有10%的汉字是象形或表意文字，而90%的是形声字。而《论语》中使用的2200个哲学词汇中，绝大部分都是象形和表意文字，他们就像一个乖小孩，不用听他们讲话，只要看，就能知道他们的意思。（Ames and Rosemont 1999，38-41）中西哲学的差异还表现在中西方思维方式的不同，西方哲学是超越性的思维；中国哲学是关联性的思维。西方哲学关注的是终极的实在、绝对的真理；中国哲学则是对"一切皆流"的事物流变过程的直觉，它关注的是过程、变化、关联和特殊性。事物总是依靠语境或情境中的其他事物的关系来确定自身，而非有某种既定的本质来定义。同样，意义是随着情境的变化而变化。这与西方哲学寻求事物的客观本质的哲学体系和"本质性"的语言是截然不同的。

因此，安乐哲指出，用带有西方文化预设和哲学色彩的词汇来翻译中国哲学术语是不恰当的。对此，我们要有自觉自明的意识，从比较哲学的视角出发，把中国哲学典籍视为与西方哲学传统迥然不同的言说方式，从中国传统的哲学和语言背景中考察翻译。为此，安乐哲在导论部分专门选出《论语》中的12个哲学术语，详细的讨论了核心术语的翻译问题（The Chinese Lexicon，PP. 45-65）：道（way）、天（tian）、仁（authoritative conduct）、礼（observing ritual propriety）、义（appropriate，fitting）、知/智（to realize, realization）、和（harmony）、德（excellence）、善（truly adaptability）、文（culture）、孝（filial piety）。

文末有长达39页（PP. 230-269）的注释，另有两个长达45页（PP. 272-317）的附录，一个是对定州本《论语》的成书过程及其特点的介绍，因为他们的翻译正是依据1973年在河北定州出土的汉代《论语》竹简残本和其他考古发现。另一个附录（Further Remarks on Lang——uage，Translation, and Interpretation）则再次深入地对语言、翻译和解释的相关问题进行了探讨。结合《论语》已有的翻译，他再次强调了在理解和翻译《论语》时应使用的事件的、动态的和关联的思维和解读方式。并指出葛瑞汉的"关联性语言"与杜威的实用主义和过程主义哲学与汉语的语言模式比较接近，可以帮助人们更好地理解中国哲学的特性。厚重的导言和附录之外，安乐哲还对译文中较难理解的地方,或者自己的翻译与别人完全不同的地方做出了详细的注释,由于注释过长（39页）,安乐哲将注释放在了文末,这样可以使文内的翻译读起来更顺畅,为了突出古汉语的象形和表意的特征,他在译文中采用了英汉对照的方式,而且是先汉语,再英语,汉语全部用繁体字。该译本全译了《论语》20篇,完全按照原文的章节顺序翻译。

　　从《论语：哲学翻译》的内容和结构安排上看,安乐哲的《论语》翻译有明确的理论方法意识和翻译目的,并且在实际的译文中很好的贯彻了自己的哲学翻译观。首先,安乐哲是从一个哲学家的视角阅读儒学典籍文本的过程中,逐渐发现中国哲学自身的特点及其重要性,并指出了以往翻译和研究中存在的问题,并针对这些问题,进而提出自己的翻译目的和比较哲学的翻译方法。在其众多的学术著作中,安乐哲一再表示,中国哲学的体系是由深奥的哲学著作,诸如《论语》《中庸》《道德经》及《孙子兵法》等组成,可惜这些文献的哲学性至今未曾得到西方应有的重视。在西方,这些著作最初是由传教士,近代是由汉学家翻译的,而西方哲学家们只是偶尔附带着研究一点中国哲学文献。最初,中国哲学文献由于"基督教化"而为西方读者所熟知,后来则被套进诗化、神秘化及超自然化的世界观框架里,西方学术界对中国哲学的了解方式存在着致命的缺陷（转引自谭晓丽 2011,25-26）。在《通过孔子而思》一书中,安乐哲分析了这种翻译现状背后的深层原因:一方面,"中国哲学缺少向西方大众进行转述的哲学家,直接导致了西方哲学不承认中国哲学的存在,不能够尊重并发掘中西文化的不同"（安乐哲 and 郝大维 2005a,Viii）。进而西方当代人文学者在理解和翻译中国哲学典籍时,又强加上了许多西方文化的预设,并且搭配了渗透着西方种族中心主义的词汇表。这归根结底是带有某种文化普世主义的西方文化中心论在作祟,它是自笛卡尔开始就一直主导现代西方哲学的方法论,以西方文化作为参照标准,从而否定任何形式文化的可比性,尤其是黑格尔在《历史哲学》中否定中国哲学存在的论调,更是深深影响了之后的西方学者,迄今为止,西方哲学研究视野中关于中国哲学的探讨,"往往是将中国哲学置入与其自身毫不相干的西方哲学范畴和问题框架中加以讨论。"（安乐哲 2009,5）,把中国哲学典籍视为一种西方哲学传统的附属物,就完全遮蔽了中国哲学的特质。

因此，他们认为在译文中反映出来中国哲学的独特性，摆脱西方种族中心主义，势在必行。于是，他们致力于《论语》的哲学诠释。为抵御文化化约主义倾向，反对将中国典籍基督教化和西方哲学化的翻译方法，避免用西方哲学的超越概念、二元论、目的论来代替中国哲学的主体性、关联性、过程论。他们强调中国哲学典籍必须由哲学家来承担，采用比较哲学的方法。在《和而不同——中西哲学的会通》一书中，安乐哲明确提出了："会通"是比较哲学的研究方法，即通过对不同观点的全面研究，综合各观点，于异观同、合众为一。安乐哲指出，《论语》的英译和研究"并非是要以某种冷静、客观的方式，标示或宣扬儒家和欧洲文化传统丰富的差异性。恰恰相反，我们坚持认为，有以承认差异性为前提，才会提供互有增益的机遇，为解决单一文化内部一直无法完满解决的问题提供另一解答方案（安乐哲、郝大维2005，6）。可见，"差异性"的彰显并不是要把中西哲学放置到两个极端，而是要促进沟通和交流"（Zeng Chunlian 2010，82-83）。安乐哲和罗思文"文本中心"的"比较型"哲学译本虽然体现的是中国哲学的独特性和中西文化的差异性，但其最终的目的还是要从差异中找到统一，找到中西文化对话的基础。主观上，他们通过把中国哲学典籍所蕴含的独特思想内涵介绍到美国，为改造和完善美国文化提供可资借鉴的资源和模式；客观上，也为中国哲学和文化参与世界文化多样化的平等竞争提供了机遇，促进了中西哲学的会通。

在具体的翻译过程中，安乐哲和罗思文正是从比较哲学的视角出发，采用了保持差异的翻译策略，"包括阐释性的介绍，不断演进的关键哲学术语词汇表，校对过的中文原文，以及与原文相对应的自觉自明的译文。"（安乐哲2009，6）自觉自明的译文强调了译者必须认识到，自身受到特定时空的局限，总会带有某种伽达默尔式的偏见去理解原文，只有这样，在翻译的过程中才能保持清醒的认识，尽量避免使用带有西方文化预设的哲学色彩的词汇来翻译中国哲学术语。并且，每一个哲学关键词的翻译后都带有该词汇的汉字和汉语拼音，时刻提醒译者和读者，他们接触的是中国本土哲学概念。安乐哲认为：现存翻译模式是建立在使用标准英汉词典和默认一个未经反思的假设的基础上的，这个假定就是"字面的"翻译必定是准确的。那些不假思索，最先跃入脑海的感觉很舒服，也最符合西方语言习惯的，被大家视为最贴切的翻译，其实都是给中国哲学典籍强加上了与其文化无关的西方文化预设，"有意无意地将一个文本从其历史和人文背景中剥离出来，移植到一片哲学水土完全不同的土地中，这是在任意利用该文本，并且完全不在意篡改其根本。相反，将文本置于其自身环境中相对保守地加以定位，即使不能尽善尽美，亦可心向往之。"（安乐哲 2009，7）可见，安乐哲拒绝使用传统的词典中的词汇表，而是选取了一些具有颠覆性的，不符合西方哲学传统的日常语言词汇。王淡（2012，148）认为：在正文的翻译中，安乐哲采取了微观的汉学方法和哲学分析相结合的办法。汉学方面，主要运用训诂和语义学方法来挖掘本义，确定主要哲学概念在原来的语境中的所指，然后结合与孔子相近的美国实用主义哲学以及怀特海过程哲学的概念来诠释，再在英语中寻求与其哲学内涵相符的对等词。实际上，为了更好地保留中国哲学的特质，忠实地再现中国哲学术语的独特内涵，他们除了尽量使用日常语言词汇，还通过同源词联想、创造新词等办法，不惜打破英语语法的规范。他们对哲学术语的翻译，集中体现了其一以贯之的"文本中心"的差异性翻译策略。

　　"道"在《论语》中出现有 80 余次，是孔子哲学中重要的概念。安乐哲和罗思文在翻译时，首先从词源学上分析"道"这个象形字，由偏旁"走"（to pass over，to go over，to lead through）和"首"（head）组成，它通常会用来构成其他同源词，如"导"（to lead）由此可以断定，这个词是动词性的、过程性的和动态性的。接着，他们从"道"最早出现的儒学典籍《尚书·禹典》中最后确定动词性的"道"最原始的含义是"road building"，后来逐渐引申出 to lead through，and hence，road，path，way，method，art，teaching；to explain，to tell，doctrines 等含义。最后决定把"道"翻译成"way"，而不是常见的"the Way"（Ames and Rosemont 1999，45-46）。这两者的区别在于，前者反映了儒家思想对过程性的考量，强调的是在得"道"之途中，个人对自身内在修养的不断追求，而后者则体现了西方形而上思想中对于绝对真理和权威的崇拜。这正体现了安乐哲的中西哲学差异的翻译观。安乐哲认为西方哲学是"超越性"的，如果原则甲是乙的原则，那么，不诉诸甲，乙的意义和涵义就无法得到充分解释，则甲对于乙是超越的；反之则不然（安乐哲，2002：27）。安乐哲认为，与这种超越性思维方式相联系的，是西方哲学的超越性语言及其"本质性"的范畴概念体系。"譬如，God 是一个完美的、完整的、独立的存在，人类既不可能对他有任何增益，也无法对他施加影响；truth 所指的是绝对真理；而 virtue 则是西方人孜孜追求的"至善"美德。与西方"超越性思维"相区别，安乐哲认为中国哲学则使用关联性的思维、过程性的语言。"（转引自谭晓丽 2012b，62）因此用"God"和"the Way"翻译"道"都会带有某种西方哲学思想的预设，不如用普通的词汇"way"。

再看"仁"的翻译。"仁"字在论语中出现了一百多次，最常见的翻译是"benevolence，goodness，humanity，human heartedness"，有时也会被性别主义者笨拙地翻译成"manhood-at-its-best"。葛瑞汉在《西方哲学中的 Being 与中国哲学的"是非"及"有无"观念之比较》一文中指出："西方汉学家都明白，他们母语中找不到与古汉语中的'仁'和'德'完全对等的词。如果认为'benevolence'和'virtue'就是'仁'和'德'的同义词，他就是把西方人的先入之见强加给他所研究的思想了。"（Graham 1990，332）安乐哲结合儒家的哲学语境对"仁"进行了语源学和哲学的分析后，得出了与众不同的翻译："act authoritatively"或者"authoritative person"根据《说文解字》，"仁"从"人"从"二"，这种语源学上的分析强调了儒家的一种预设：一个单单自己无法成就一个人，"authoritative person"这种翻译方法，译者考虑到了"仁"作为一个人完整的人格体现，是通过个人的修养在不同的社会关系和角色中表达出来的境界。这种境界不仅仅表现在心中的"仁"，也表现在外表的"仁"：姿态、行为、举止等。但"humanity"是一个普适概念，与罗马的"humanitas"相关，意指唯一的、普遍的、本质性的对象。若将"仁"视为一个普适性概念，就会破坏它的个别性。"仁"的另一个传统译名"benevolence"只是表达一种狭窄的心理状态或者一种道德性情，而且暗示着一种所有人都具有的本质状态。其实，成"仁"之路是一个把传统化为自身品质的富有创造性的过程，需要在各种社会关系中逐渐修炼和培养。安乐哲选择"authoritative person"意味着"一个人通过在社群中成为仁者所表现的"权威"，这种"权威"是通过践行礼仪而在其身上体现出他自己的传统的价值与习俗（安乐哲 2009，372）。

在早期中国哲学文献中，"德"有一种强烈的宇宙学意味，一贯表达事物及人的个别性。译者摈弃了"virtue"和"power"这些传统译法，一方面不想给译文强加上西方哲学式的解读，因为"virtue"和"freedom，individual，reason，autonomy"等术语一起构成一个西方哲学的词汇场；另一方面，"power"一词有"强制"的涵义，与儒家提倡以"德"来治理社会的理念相左。安乐哲用"excellence"来译"德"，意在传达"以善德施之他人，以善念存诸心中"为特色的儒家道德的实践性与过程性。（丁四新 2006，114）同样，"知"或"智"的几种常见的英译是"knowledge，wisdom，to know"。安乐哲、罗思文认为，这些译法在强调了"知"的重要价值论的同时，阻碍了人们对智慧的全面理解。出于对儒家"知行合一"思想的考虑，两位译者用"realize"来翻译"知"，强调了古汉语中"知"字蕴含的"思维"之意，而这一点恰好填平了英语中"知识"与"智慧"二者的鸿沟。这样，"to realize"的含义即是"使之成为现实"，也巧妙地截断了"moral"和"knowledge"引起的西方哲学联想。类似的词汇还有"礼"，被译作有参与过程含义的动名词组"observing ritual propriety"，而不是"ritual"这一在英语里空洞的、没有价值的名词（谭晓丽 2012b，62-63）。

他们在翻译选词时，还特别注意英语词汇的属性和细微差别可能对原文造成的误读。例如，《论语·学而》篇：

子曰："学而时习之，不亦乐乎？"

The Master said:"Having studied to, then repeatedly apply what you have learned——is this not a source of pleasure?"（Ames and Rosemont 1999，71）

他们分别使用了"study"和"learn"两个词，原因在于他们参照 Gilbert Ryle（1949）的作法，把英语动词分为"过程性"（process words）和"达成性"（success words）两大类，前者包括"study"，强调"学习、钻研"的过程；而后者则包含"learn"这样的动词。此外，在翻译过程中，他们还常常使用英语的动名词词组来翻译原文中的"名词"。如：有子曰："礼之用，和为贵。"Master You said:"Achieving harmony（he 和）is the most valuable function of observing ritual propriety."（Ames and Rosemont 1999，74）原

文的"礼"与"和"两个名词译成了动名词组"observing ritual propriety"和"achieving harmony"就是为了说明"礼"及"和"是中国人践行的生存方式，突出了动态的过程性。同样，在安乐哲这里，"义"不是"righteousness"而是"appropriateness/a sense of what is fitting"，"正"不是"rectification/correct conduct"而是"proper conduct"，"政"不是"government"而是"governing properly"等等。

另外，他们在翻译过程中，有时还会打破英语的语法规范。

齐景公问政于孔子。孔子对曰："君君，臣臣，父父，子子。"公曰："善哉！信如君不君，臣不臣，父不父、子不子，虽有粟，吾得而食诸？"

Duke Jing of Qi asked Confucius about govering effectively（zheng，政）. Confucius replied,"The ruler must rule，the minister minister, the father father, and the son son.""Excellent!"exclaimed the Duke."ndeed, if the ruler does not rule, the minister not minister, the father not father, and the son not son, even if there were grain, would I get to eat of it?"（Ames and Rosemont 1999，156）

这种翻译显然不符合英语的语法，但是"君君、臣臣、父父、子子；君不君，臣不臣，父不父、子不子"恰恰体现了古汉语"关联性"的特征，名动词是在相互关系中显示出来的，这种动名词正体现了汉语"动态性"的特征。不像英语是"本质性"的语言，把动、名词词性分得那么泾渭分明。

此外，他们还创造新词，如"心"被安乐哲翻译成"heart-and-mind"，试图保持中国哲学中认知意义的"心"（mind）和情感意义的"心"（heart）的整体性。

除了这些哲学术语的翻译外，从文末的注释和附录中，还能看出安乐哲和罗思文"文本中心"的"比较型"范式下的译本中，会通中西的比较哲学的翻译方法。他们在译本的注释中旁征博引其他中国古代典籍，与《论语》相互印证，相互阐发。短短一篇《论语》，译者仅在注释中就直接引用《孟子》《庄子》《荀子》《礼记》《左氏春秋》《诗经》《说文》等经典，最长的注释长达大半页，还要借助附录继续发挥，可谓在中国古典文献中左右逢源。不过，译者也十分重视西方学者的有关研究，所引西方学者，文学家有 Thoreau，哲学家有 John Dewey，North Whitehead，语言学家有 Noam Chomsky，Bernhard Karlgren，Graham，其他学者有 Richards，George Steiner 等等，不一而足。（谭晓丽 2012b，64）

安乐哲和罗思文的《论语》译本一经出版就在西方哲学和汉学界都引起了广泛的关注，众多学者发表译评，褒贬之声兼具。其中，郑文君认为"仁"译成"authoritative conduct/authoritative person"是拙劣的翻译，因为"goodness"和"benevolence"虽然不能完全传达原文的哲学内涵，但对于英语读者而言，至少还能传达有意义的某种东西，而"authoritative conduct"就会让人感到一头雾水。还有"government"虽然附带着以西方法律和司法观念形式的躯壳，不能作为"政"的对等词，但是"governing properly"很难说是一个改善。而且，它可能过分强调了其他文化的他异性（the otherness）（Cheang 2000，570）。很明显，郑文君完全是站在西方文化的立场上，以西方读者的接受为依据对安乐哲译本进行的批判。作者认为，这反而能够反衬出安乐哲为揭示中国哲学独特内涵所作出的努力。其实，他在翻译中并没有忽略西方读者，只是对其提出了更高的要求。译本导言部分的阐释说明以及关键哲学术语对照表，都是为了帮助读者在阅读之前先要有自觉自明的意识，认识到中西哲学的差异。史嘉柏认为安乐哲和罗思文的译本是结合河北定州八角廊汉简译注及其他考古新发现的西方中国简帛本研究的优秀之作，并对两位译者在对中国哲学独特内涵的挖掘上所作出的努力表示肯定，并认为他们对术语的翻译有清晰的翻译原则并且能够一以贯之（Schaberg 2001，117-125）。但史嘉柏的批评之词也很尖锐，他指出安乐哲的哲学翻译建立在对古汉语"视觉假设"（Visual hypothesis）的基础上，把古汉字看作一种人造的语言，它们的表意方式主要通过某种视觉方式，例如通过对象形文字和表意文字的有意义的排列。正是在这样的视觉假设下，他们才坚称自己译本的可信度（Schaberg 2001，118）。然而，安乐哲从词源学上翻译，却忽略了从商周到《论语》的写作年代汉语语法和语音的变化，忽略了对古汉语（包括书写和语言表达）的历史性解读。另一方面，在实际的翻译过程，这种假设也没有能够运用到《论语》的具体章节的解释，只不过是体现在译者对一些核心词汇的选择上。而这种词汇层面的解释，根本就不能提供句法组合方面的视觉推论。最重要的是，史嘉柏认为安乐哲为了体现关键术语的翻译原则，贯彻自己的哲学翻译观，保持这种哲学翻译理念的一致性，在某种程度上忽略了对原义的解读。例如：《颜渊第十二》第一章：

颜渊问仁。子曰：“克己复礼为仁。一口克己复礼，天下归仁焉。为仁由己，而由人乎哉？”

安乐哲的译文：Yan Hui inquired about authoritative conduct（ren 仁）. The Master replied,"Through self-discipline and observing ritual propriety（li 禮）one becomes authoritative in one's conduct. If for the space of a day one were able to accomplish this, the whole empire would defer to this authoritative model. Becoming authoritative in one's conduct is self-originating-how could it originate with others?"（转引自 Schaberg 2001，124）史嘉柏认为这个译本冗长，并且由于把动词短语都转换成名词和代词短语，显得行话和术语味十足。（Self-discipline，self-originating）。由于过度强调“becoming”和“authoritative”这个过程性，他把“为仁”统统翻译成“being authoritative”或者“acting authoritatively”，但很明显，这句话的意思就是“being”而不是“becoming”“克己复礼，仁也”。另外，安乐哲和罗思文为了强调过程性和相关性，加上“Through”，并且用“observing”而不是“return”这个完成动词。这样，“克己复礼”翻译成“Through self-discipline and observing ritual propriety（li 禮）”，显得冗长。史柏嘉认为安乐哲和罗思文，一方面反对用西方哲学的本质主义倾向去诠释中国哲学，而实际上他们的翻译本身反而催生了某种中国语言和哲学的本质主义特征。（Schaberg 2001，124-25）

我们认为，史嘉柏的批评从英语语言表达的效果上来看是有一定道理的，但用安乐哲自己的话来说：“……基于这套模式（带有西方哲学文化预设）的翻译有意无意地将一个文本从其历史和人文背景中剥离出来……相反，将文本置于其自身环境中相对保守地加以定位，即使不能尽善尽美，亦可心向往之。”（安乐哲 2009，9）可见，从原文的语境中去翻译儒学典籍是安乐哲的首要关注点，其他方面难免会出现瑕疵。至于史柏嘉“中国语言和哲学的本质主义特征”的说法，显然有些言过其实。安乐哲的《论语》译本整体上很好地贯彻了比较哲学的翻译观，集中体现了儒家思想异于西方哲学的表述方式，突显了中西哲学的差异。我们首先对他一直致力于中西哲学的会通，采用比较哲学的方法，让孔子的儒学思想作为哲学"显身"，为中国哲学"正名"（王琰 2012，146），让西方读者真正理解中国哲学的特色所作出的努力表示肯定。这有利于避免各种形式的西方文化中心主义所带来的对中国哲学的轻视，和有意无意地对中国哲学典籍的曲解，从而减少文化误读。其次，他的译作集中反映了以原文为中心，以挖掘儒家典籍在中国历史文化传统中的含义和特质为首要任务，以求忠实地再现中国文化的特色和原貌的"文本中心"的范式。从中，我们看到安乐哲中西哲学会通的文化传播观和异化的翻译观。他明确指出文化传播的主体不只是汉学家，而应该让哲学家参与进来，这样才能更好地让西方读者看到儒家思想的哲学内涵，文化传播的对象则是汉学家、哲学家或者对中国哲学感兴趣的读者。安乐哲对读者提出了较高的要求，认为译者有责任提醒读者认识到中西文化的差异，不要带西方哲学的预设去解读中国哲学典籍。在安乐哲中西哲学会通的文化传播观的指导下，他对中国儒学典籍的性质、中国儒学典籍英译的目的、原则和策略都有明确的界定。他坚持"异化"的翻译策略，旨在把中国儒家思想的独特内涵介绍到西方文化中来，让西方读者认识到中国文化与西方文化的差异性，最终从差异中找到统一，找到中西文化对话的基础，一方面为改造和完善美国文化提供可资借鉴的资源和模式；客观上，也为中国哲学和文化走向世界，参与世界文化多样化的平等竞争提供了机遇，促进了中西哲学的会通。

四、"文本中心"范式下的译本在中西文化交流中的作用

以陈荣捷的《中国哲学资料书》和安乐哲的《论语：哲学翻译》为代表的"文本中心"范式下的译本，都以忠实地反映儒学典籍在中国历史文化背景中的含义和特质为首要任务。不论是客观全面地解释，还是借助某种理论突显中西文化的差异，其核心是都是要帮助西方读者看清中国文化的特色和原貌。此范式下的译者在文化观上都认同中国儒学典籍及其作者在中国儒家文化中的经典地位。他们对中国文化的态度是理性的，既不盲目赞颂，也不有意贬低，他们对中美文化交流的态度是客观的，视野是宽广的。在翻译观

上，他们认同中国儒学典籍的英译原则首先是忠实地传达儒学典籍的特质或差异性。他们认为翻译和文化传播的主体应该是对中国儒学典籍和中国文化的特质深知熟虑、知识渊博的专业人士，译本的读者和文化传播的首要对象是相关学术领域的专家、学者、或学生。他们的翻译策略主要是忠于原文的异化表达。由此可见，"文本中心"范式下的译本最首要的功能是维系中西文化交流的基础——差异性特征——它是文化之间交流和借鉴的基本动力。缺少了差异，就失去了文化交流和借鉴的意义。所谓"和实生物、同则不继"，全球文化多样化，犹如自然界的生物多样性一样必要。因此，彰显"差异"也是实现全球文化多元化发展的必然要求。只有以承认差异性为前提，才能于异观同，找到中西文化对话的基础，提供互镜互鉴的机遇，为解决单一文化内部无法圆满解决的问题提供另一解答方案。正如摩尔在《中国哲学资料书》的序言中所言：中西文化的交流建立在相互的理解之上，而真正的理解，只能通过对一个民族和国家在长时期形成的塑造民族心理，推动整个民族向前发展的主要思想和观念，或全面的哲学体系的探索和认真学习（Chan 1963，Foreword vii）。

第三节　"文本相关"范式下的译本和译者

一、典型性特征和分类

从美国 20 世纪的中国儒学典籍英译史中，我们发现，由于译者的文化身份和职业背景多样化，翻译目的和方式也各有不同，译本的用途也多种多样，译者所处的历史文化语境也不断变化。除了"文本中心"范式下的译本之外，"文本相关"性的翻译实践也不占少数。这些"文本相关"范式下的译本，并不把儒学典籍及其作者的意图和价值观放在翻译的核心地位，也不以忠实地反映儒学典籍在中国历史文化传统中的含义和特质为首要任务。而是把翻译的重心放在儒学典籍与美国当下的社会和文化生活之间相关的切入点上，以最大程度的挖掘儒学典籍对美国社会和文化的有用性为首要任务。

"文本相关"范式下的译者，对中国文化的态度并非是理性的，要么是盲目地夸大或理想化，要么是有意无意的贬低。他们在中美文化交流中的视野是狭窄的，仅仅关注文化的输入对改造和发展自身文化的价值和作用，往往忽视中美文化交流同时也是中国文化参与建构全球文化多样化的重要途径。"文本相关"范式下的翻译和文化传播的主体不仅局限于对中国文化思想深知熟虑、知识渊博的学者，他们可能是各个领域的专业或业余人士，想要借助中国文化中的某一方面来"为其所用"。译本的读者和文化传播的对象也是各个专业领域，或是对中国文化感兴趣的普通大众。他们的翻译策略是与其研究目的相关的以归化为主的表达。

"文本相关"范式下的译本在翻译实践中表现出多种不同的类型。有的带有强烈的"西方文化中心主义"色彩，"依循西方哲学、神学、框架标准、范畴概念乃至意识形态，对中国儒学典籍独特的内涵进行有条理的，概念性的切割组装，归化到西方文化轨道上去"（郭尚兴 2010，4）其特点就是以西方文化为中心，轻视或贬低中国儒学典籍在中国文化中的核心和经典地位，将其降格为普通的文学或历史文本，或者干脆贬成西方哲学文化的附属品，对其进行任意的篡改。在美国 20 世纪的中国儒学典籍英译史中，这类译本通常不会打着"西方文化中心主义"的旗号，大肆宣扬其对儒学典籍的篡改和贬低，但从译本的翻译策略上看，尤其是对文化负载词或核心术语的处理上，他们要么采用文化置换的策略，要么进行文化删除，完全不能体现中国儒学典籍的文化特色。白氏夫妇的《论语辨》译本、白之的《中国文学选集》、托马斯·柯立瑞的《本真的孔子》就属于此类范式。

第二种类型的"文本相关"范式下的译本，表现出对中国文化的狂热化和理想化，其特点是以中国儒家文化的有用性为出发点，过度强调或夸大中国儒家文化中的某一点，为解决美国文化中出现的问题而寻找答案。具有代表性的译者是庞德、林语堂。

第三种类型则只是出于个人的职业需要，或业余爱好，以大众读者为对象，像 Alfred. Huang、倪清和等几位道教大师，他们的《易经》译本主要是为了配合自己的道学传播或气功的传授而翻译，大多通俗易懂。还有的完全以译本语言的通俗性和可读性为翻译的标准，不惜使用现代美国社会文化中的词汇来替代儒学典籍中有碍理解的中国文化负载词，或者直接删除或省略对读者理解造成障碍的具有中国文化特色的词句，他们侧重对中国儒学典籍的现代诠释。具有代表性的译者是魏鲁南、华兹生、亨顿等。他们大多对中国儒家思想没有理论上的研究，只有翻译实践。如华兹生的《哥伦比亚中国诗词选》中《诗经》的翻译部分，他主要选译了35首《诗经》中较为短小的诗歌，尤其是类似于英语民歌和民谣的《国风》27首，《雅》7首，《颂》仅1首，把《诗经》作为文学作品，而非传统的儒家经典，进行"现代性和通俗性的阐释"（魏家海2010，97）。这与"文本中心"范式下的陈荣捷的儒学典籍翻译完全不同。陈荣捷在《诗经》的选译部分，主要从中国儒学典籍的精神内涵出发，选择了能够代表中国哲学的人文主义精神的源头的部分，例如《颂》的部分，选译了《丰年》和《维天之命》，《雅》的部分，则选译了《烝民》《文王》和《皇矣》。由此可见，华兹生的选题主要是顺应了当时美国的主流文化的意识形态。二战后美国的文化战略是迫切的希望了解中国的文化和文学。他的选材，朴实、通俗、可读性强，且短小精悍，类似于英国的民歌或民谣，加上他译诗使用的语言风格简约而朴实，便于西方读者接受和欣赏。另一方面，这也同他自己的朴实、简约的诗学观相契合。在具体的翻译策略上，他采用了编译式的"改写"和重构，从而把《诗经》经典文本高度浓缩化。

总之，"文本相关"范式下的译本不以忠实传达中国儒学典籍的内涵为出发点和归宿，总是在一定程度上对中国儒学典籍进行"改造"和"利用"。下面主要选取庞德和白氏夫妇为代表，从译本的操作层面，更深刻地认识该范式下的译本及其译者的翻译观和文化观。

二、庞德及其"文本相关"范式下的译本分析

（一）学术背景和主要成就

庞德是美国地道的本土诗人和评论家。美国 20 世纪的儒学典籍英译者中少有的自由职业者。他 1885 年生于美国爱达荷州，1906 年获得硕士学位后，曾有过一段短暂的不愉快的教学经历。1908 年，他来到伦敦，发起了一场意象派运动。他改用自由诗体进行创作，在诗歌创造中强调用确切的意象写诗，避免使用无助于表达的词语，为美国现代诗歌的发展开辟了道路。庞德自 1907 年第一次接触孔子之后，就一直在研究和翻译儒家经典。毫无疑问，他从中国文化尤其是儒家文化中汲取了滋养，不仅用在文学创作上，也用于寻求医治美国精神文明危机的良药。20 世纪初，现代主义思潮从文学艺术领域扩展到一般社会文化中，人们开始怀疑西方现代文明的价值核心——理性与进步，怀疑他们一个多世纪间信心百倍地建设的现代文明的人性基础，并开始在西方文明之外、现代文明之前、在古老的东方，寻找美学与道德的启示与救赎之路。庞德认为中国文化是富有智慧的、文明的，可以拯救整个欧洲，医治千疮百孔的西方社会。

庞德一生从未到过中国，却对中国儒家思想推崇备至，他把儒家思想当作一个取之不尽、用之不竭的文学和文化资源库，无论是社会批叛还是诗歌创作，他都从中觅其所需，为其所用。尤其是诗歌创作方面，他借鉴了中国古典诗歌（以《诗经》为代表）具体、精确、婉约的审美特征，以及意象呈现的技巧，开创了美国的意象主义诗歌的先河，成为现代主义诗歌运动的旗手与领袖。他的长篇巨制《诗章》则成为美国现代派诗歌的丰碑。《诗章》

是一部史诗式作品，体制宏大、思想深邃、主题深刻，是庞德倾其毕生精力，历时五十多年才完成的一部伟大的文学巨著，包括一百二十首诗歌。这部20世纪现代诗歌里程碑式的作品，处处无不弥漫着东方的神韵。"（王文2004，78）庞德还是美国最早翻译中国儒学经典的译者之一，从20世纪初一直到60年代，仅庞德的译本就有8本，尤其是对《诗经》和《四书》的翻译，他用力最勤。因为他认为"只有恪守儒家思想，才能使西方社会充满和谐与秩序，从而创造一个太平盛世。"（王文2004，3）所以，他锲而不舍地翻译孔子和儒家经典，持续了半个世纪还多，堪称美国汉学界之外，用力最勤的最忠诚的中国儒家文化的信徒，不仅在美国，而且在世界范围也产生了深远的影响。

（二）《诗经》译本与庞德的文化观和翻译观

庞德最先翻译的儒学典籍是《诗经》。1915年《华夏集》的出版，正值第一次世界大战硝烟四起之时。那时的庞德还不懂汉语，也没有读过《诗经》原著和任何《诗经》的注疏和评论，完全是从美国东方学家费诺罗萨（Emest Fenollosa，1853—1908）的笔记整理转译而来。《华夏集》所选的18首诗大多和战争中的愁思离苦相关。庞德摒弃了当时学界重视《风》的习气，转而注重《雅》和《颂》的翻译。《诗经》无论内容还是形式，尤其是其简洁、含蓄的意象表达，都与脱离实际、空泛滥情的后期浪漫主义英美诗歌形成了鲜明对比。因此，《华夏集》的出版翻译无疑有助于推动英美现代诗歌新风格的形成，矫正维多利亚传统的矫柔、藻饰和浮华。时至今日，《华夏集》中的有些诗歌依然是美国文学选本，甚至是学校文科教材的必录篇目。1954年，庞德又出版了《孔子的颂歌》（The Confucian Odes, the Classic Anthology Defined by Confucius）。这是美国的第一个《诗经》全译本，它的出版的确在美国和整个西方世界掀起了一股中国诗的热潮，为美国新诗运动继续输送营养。相比1915年出版《华夏集》时，他不懂汉语，完全根据费诺罗萨的法语笔记转译而来，到1954年庞德的《诗经》译本出版时，他已经学习了很长时间的中文。他1936年开始学汉语，所依赖的工具是英国传教士汉学家马礼逊编的《华英词典》，这其实是许慎的《说文解字》的英译版。这本字典是庞德实践费诺罗萨的"拆字说"的得力工具（李康 2009，25-26）。他的《诗经》译本都是从古汉语中翻译过来的（Apter 1984，35）。而且，他认为汉字总是由多个部分组成，拆开以后各自有一定的意思。因此，在翻译过程中，他大量使用了"拆字法"。"拆字法"的使用，无疑为他的意象主义诗歌创造插上了想象的翅膀，同时也为他的意象主义翻译原则找到了有力的根据。使得他的《诗经》译本更加注重意象的再造和情感的表达。

《郴风·静女》中的"静"，左半部"青"被庞德拆出来，于是"静女"成了 Lady of azure thought（有着浅蓝色思绪的女子）。第二章"静女其娈"中的"娈（孌）"因上半部的"丝""言"和下半部的"女"成了"Lady of silken word"（说着丝一般语言的女子）。再看《邶风·谷风》第五章"不我能慉，反以我为仇。""Not your heart's garden now, an opponent"（转引自李康 2009，37）将"不我能慉"翻译成"不再是你心灵中的花园"（Not your heart's garden now），把"慉"字拆成一个"心"，一个"玄"和一个"田"，由"心"想到"心灵、爱恋的心"，由"田"联想到种植植物的花朵的花园，于是"慉"便成了"心灵中的花园"。如果译本读者从未接触过《诗经》的原文，只是通过这样的译文来了解《诗经》的话，恐怕早与《诗经》的本来面貌失之千里了。诸如此类的拆字法在庞德的译本中不胜枚举。庞德翻译的《诗经》偏离原文，在很大程度上即是运用"拆字法"，进行联想和思辨的结果，这样的翻译方式必然会对原有文本进行过度的阐释，翻译后的诗歌内容也会比原文更为"丰富"一些，在一定程度上，甚至可以说，庞德是在借着《诗经》的外壳来进行自己的诗歌创作（李康 2009，38）。这种"拆字"法，对源语来说，的确有过度发掘含义和误拆的诟病，但对目的语来说，有时却能造就意蕴丰富而生动的英文章句，如：Pine boat a-shift on drift of tide, or flame in the ear, sleep riven.（松柏之舟随波飘荡，耳内的火焰撕裂睡眠。）这是《邪风·柏舟》起首二行"泛彼柏舟，亦泛其流。耿耿不寐，如有隐忧"。原诗"耿耿"为"忧心焦灼貌"。庞德从"耿"字拆出一个"耳"（ear），一个"火"（flame），于是有"耳内的火焰"（flame in the ear），原诗中的"耿耿不寐"经此一译，变得具体形象化了（袁靖 2012，102）。因此，庞德的《诗经》翻译与其说是重在表现原诗的情感与意境，倒不如说是通过夸大《诗经》的意象表达手法，来丰富英语语言的情感表达方式，进而为其意象主义的诗歌创作鸣锣开道。在《诗经》的翻译中，庞德似乎过于迷信和夸大，甚至滥用此法，完全靠自己对汉字的理解去想象，去推测，找出"隐藏"在字的组成中的意象，并启发读者在阅读过程中根据自己的思考去领悟原文的情境和意象。

不可否认，庞德深厚的英文诗歌功底，加上他意象主义诗歌强调的形象化、音乐化和启发化，使得他能够成功地翻译《诗歌》中描述的各种形象，从而使翻译后的诗歌在内容上会比原文丰富，在形式上也开创了汉诗英译的意象主义的新范式。从诗歌的创作上看，《华夏集》和《孔子的颂歌》的确将意象派的创作原则发挥到淋漓尽致，庞德的"意象主义"诗歌也被一批中国诗人施蛰存、杜衡、郑敏及袁可嘉等积极译介到中国，为中国的新诗现代化的构建注入了活力。但如果从翻译的视角看，庞德在原文中加入了太多的自由想象和发挥。他在突出或强调《诗经》的形象化表达的手法和意境之时，却把《诗经》从中国古代的语境中抽离出来，放入西方现代诗学的领域，从而忽略了《诗经》在中国文化传统中的含义和特质，与原文的含义必然会有很大偏离，存在对原文的过度阐释，不是一部忠实于原文的译作。正如赵毅衡所说"庞德的《诗经》译文过于随心所欲，离原文过远。不过作为诗，庞德的译本是耐读的。他的文字凝练、有力而优雅"（2003，284）。叶威廉也认为《华夏集》对庞德的诗歌创作来说，应该是一个轴心点，但作为译作来看，则应该看作是一种再创作（Yip. Wai-lim 1969，7，164）。但是，这样的译作恰恰体现了庞德的翻译观，"作为意象派诗歌运动的主要发起者和富有创造才能的诗人，庞德并不仅仅满足于依据意象派原则翻译中国古典诗歌。他翻译中国古典诗歌不仅要为英美诗坛介绍一种全新的诗歌，而且更是要学习模仿中国古典诗歌，在现代诗歌创作中融合中国古典诗歌技巧，尤其是诗歌意象的呈现技巧，以寻求新的现代诗歌创作方法，推动意象派诗歌运动的发展。"（王文 2004，70）很明显，借《诗经》的翻译来革新现代英语诗歌才是庞德的翻译目的，同时也体现了他"中为洋用、古为今用"的文化传播观。中国文化，尤其是以孔子为代表的儒家思想，为庞德的创作提供了批判的利器和理想的规范，而且中国古典诗歌艺术也构成了他营造诗歌意象、传递审美意识的主要手段之一，正如庞德所说，"中国诗是一个宝库，今后一个世纪将从中寻找推动力，正如文艺复兴从希腊人那里寻找推动力一样。"（转引自王文2004，40）。正可谓"他山之石，可以攻玉"（《诗经·小雅·鹤鸣》），如果说《诗经》的翻译主要是庞德在借"儒学典籍"之石，攻英语现代诗歌之玉的话，那么，《四书》的翻译，则主要是借"儒学典籍"之石，攻美国现代社会之玉。

（三）《四书》译本与庞德的文化观和翻译观

庞德经历了两次世界大战，看到了战争的残酷与荒谬，同时也看到了西方文明的衰败。强烈的文化使命感，使得他极力从中国儒家文化中寻求西方文明的出路。这个时代背景也促成了庞德"化儒为西"的文化观，即从儒家思想和文化中截取某些与之相契的点来为其所用。他将注意力转向东方，开始学习研究孔子思想。在孔子思想中，尤其是《大学》中，他发现了一种充满和谐与秩序的理想，《大学》中对社会秩序的一段论述令他无限神往："古之欲明明德于天下者，先治其国；欲治其国者，先齐齐家；欲齐齐家者，先修其身；欲修其身者，先正其心；欲正其心者，先诚其意；欲诚其意者，先致其知，致知在格物。""庞德深信，唯有悟守《大学》所倡导的这种秩序，才能解决西方社会的各种危机，创造出一个太平盛世。"（王文2004，28）。他明确指出西方"需要孔子""需要的含义在于缺乏，患病在于求医，需要某种他不具备的东西。孔子是一剂良药。"（Pound 1960，203）

在这样的背景下，庞德在1928年翻译出版了美国第一部《大学》全译本。这本《大学》译本也是在借鉴费诺罗萨的法语译本的笔记，以法国汉学家波蒂埃（Guillaume Pauthier）1841年的法文译本为基础，充分发挥他的想象力翻译而成的。庞德第二次英译《大学》是1947年，他出版了《孔子：中庸和大学》（Confucius:the Unwobbling pivot & the Great digest），该译本是对1928年《大学》译本的修订本，最早在1942年出版了意大利文译本，1947年译为英文，该版本是庞德在阅读原文的基础上，对理雅各1861年《中国经典》第一卷 The Chinese classics:Containing Confucian analects，the Great learning & the Doctrine of the mean 的《大学》译本进行批判的基础上，重新翻译而成，同时也加入了《中庸》的译本。相比 1915 年译《华夏集》时，庞德此时的汉语水平有了很大的进步，在整个 20 世纪《大学》的 5 个译本中，庞德占了三本。可以说，研究《大学》在美国的翻译和传播，庞德是第一人。然而，1928 和 1947 这两个《大学》译本都是用散文体，并未使用韵体，也没有引起学术界的足够兴趣（Burton 1998，248）。由于二次世界大战期间，庞德更多地投入到政治和经济事务中，此时的《大学》和《中庸》译本也为庞德支持意大利法西斯政权提供了素材。1944 年为美军所俘，监禁在意大利比萨（Pisa）俘虏营中。被捕时，他还随身携带着理雅各的《四书》译本和马礼逊的《华英词典》。在比萨监狱艰苦的环境下，他依靠仅有的那本中文字典顽强地翻译《四书》。《大学》和《中庸》成了庞德信念的支柱，孔子是他进行自我对话的精神导师。难怪他不无得意地自称是"孔子的信徒"，俨然"粹学醇儒"。1950 年庞德在 Hudson Review 上刊载了他的《论语》译本（The Analects），1956 年由伦敦的 P. Owen 出版社正式出版（Confucian Analects），1951 年再版了 1947 年的《大学》和《中庸》的合译本，1969 年出版了《大学》《中庸》《论语》的合译本，但并没有引起多大的反响，与其《诗经》的翻译所引起的巨大反响形成反差。

在《四书》的翻译中，庞德贯彻了其惯用的"拆字法"，以求对原作意蕴的表达。如《论语》"子曰：学而时习之，不亦说乎？"（《学而第一》）庞德的译文是：Study with the seasons winging part, is not this pleasant?（转引自李钢 2012，115-116）这句话中的"时"被直译为 seasons，"习"则是提取了其作为汉字偏旁的意义，译为 wining part 这种创造式的翻译完全忽略了原文的真实含义。

我们再来看陈荣捷和安乐哲对此句的翻译。陈译：Confucius said, Is it not a pleasure to learn and to repeat or practice from time to time what has been learned?（W. Chan 1963，18）在译文后，陈荣捷还对此翻译进行了长达一页的注释，详细列出各个历史朝代对此句的注疏，并指出了以做《论语集解》的何晏为代表的汉学、以做《论语集注》的朱熹为代表的宋学，与以做《论语正义》的清儒刘宝楠为代表的清代考据之学，三大儒学派别对此句，尤其是对"习"的不同理解。汉学倾向于字句的注解，宋学则重视意解，即义理。

清儒则两者皆取，重在实学。何晏引用王肃的话认为，"习"就是反复诵习的意思，但朱熹认为"习"意指效法先知先觉者之意，重点不在诵习，而在实践。刘宝楠则认为"习"兼有复习与实习之意。陈荣捷的译本是在通观历代的注疏的基础上，从儒学的基本精神乃学行的并重为主要依据，最终选取to learn and to repeat or practice 来译。这才是从中国的经学传统出发，忠实的反映儒家思想的特质的译文。

再看安乐哲对此句的翻译：The Master said：Having studied, to then repeatedly apply what you have learned——is this not a source of pleasure? （Ames and Rosemont 1999，71）安乐哲首先强调从中西语言和哲学的对比中来翻译。他首先从语言学上对"学"和"习"进行比较和区分，认为"学"强调的是过程，与英语中的study对应，"习"则是完成式的，与learn对应。其次，他从中国古代的动态宇宙论（Ames and Rosemont 1999，230）出发，用"Having studied""repeatedly apply"强调了"学而时习之"这样一个动态的、持续进行的过程，倾向于反映儒学精神中"行"的一面。大体上，陈荣捷和安乐哲的译本虽然在具体表述形式上有不同，但都传达了儒家思想的基本精神内涵。

相比之下，庞德的"拆字法"完全不从中国儒学典籍的历史背景出发，仅抓住汉字的"象形"不放，置古汉语和中国文化的基本含义而不顾的译法是典型的"文本相关"的范式。这样的例子在《四书》的翻译中比比皆是。不可否认，汉字的"象形"和"形声"之特色，有些时候对其进行拆解，对原文的精神内涵也有"神似"之效，如，子曰："君子不重则不威，学则不固。主忠信"。（《学而第八》）He said:A gentleman with no weight will not be revered, his style of study lacks vigor. First: get to the middle of the mind;then stick to your word. 这里的"忠"被拆译成 the middle of the mind，"信"；stick to the word. 但"忠""信"作为核心术语，对儒家思想的构建起到至关重要的作用，不应该仅从翻译出其词源学上的意义，应该放在不同儒学发展阶段的大背景下，对其具体的内涵做出恰当的翻译，以期能够反映如儒家思想的基本精神：Confucius said,"If the superior man is not grave, he will not inspire awe, and his learning will not be on a firm foundation. Hold loyalty and faithfulness to be fundamental. … （W. Chan 1963，20）

庞德自 1907 年第一次接触孔子之后，就一直在研究和翻译儒家经典，基本上完成了《四书》的英译，（《孟子》译本未完成）并不断修改再版，他从开始的不懂汉语，从法文的转译到从原文的直接翻译，通过翻译，他对中国儒学典籍的认识也在不断深化，我们不能抹杀庞德作为一名诗人和社会改革家所取得的成就，也不能一味批评庞德对中国儒家文化的过度推崇，他甚至把复兴欧洲文明的希望也寄托到中国的儒学文化中（Paterson 1997，9）。因为这在客观上对当时的"西方文化中心主义"有一定的抵制作用，儒家文化确实对庞德个人的信仰、诗歌的创造、社会的批判有巨大的影响。

但作为一名翻译家，与陈荣捷、安乐哲等人以一个严肃的学者身份，平等而客观地看待中国哲学文化不同，庞德是作为一个中国文化理想主义的狂热信徒去推销和夸大中国哲学文化的。庞德钟情于中国古典诗歌的根本缘由，乃是他从中找到了与其意象主义理论相契合的点，寻找推动意象派诗歌发展的动力；他翻译《四书》的目的是寻求解决西方经济危机的灵丹妙药，找到与基督教文明相抗衡的力量。他未必真正了解中国儒家文化的真谛，翻译的目的也不是对中国儒家文化真实内涵的全面、客观的揭示，而是用儒家思想来改造英语诗歌的创作形式，改良美国或西方社会的弊病。因此，他的翻译策略总是关注儒家思想对美国社会现实生活有用的一面，而对其进行进一步的创造性的阐释和发挥，夸大和强调儒家文化某一方面的功能。他翻译的原则也不在"忠实"和"准确"，而是强调意义和情感的再现，以及意象的重构，模糊了翻译和创作的界限。他的译本是典型的"化儒为西"的"文本相关"的范式。

三、白氏夫妇及其"文本相关"范式下的译本分析

（一）学术背景和主要成就

白牧之（1936—）（E. Bruce Brooks）和白妙之（A. Taeko Brooks）夫妇是马萨诸塞州大学阿默斯特分校亚洲语言与文学系助理教授，汉语讲座教授，当代美国汉学家。白牧之 1968 年获得华盛顿大学汉语言文学专业博士学

位，其研究兴趣包括韵律、汉语语法，篇章年代学以及中国战国时期的社会历史。白氏夫妇早在 20 世纪 70 年代开始就对先秦典籍的历史性研究感兴趣，起初是 1979 年对《庄子》部分篇章的真伪考证，最后又逐渐扩大到整个战国时期的典籍，倾向于用史学的方法来对中国典籍进行研究。尤其是受到 20 世纪 80 年代兴起的新文化史的影响，注重从历史中，看到其背后的文化因素和各种权力关系，在这种思潮的影响下，他们倾向于从外部文化因素的分析，而不是对儒学典籍内涵的研究，从而把在中国文化中处于"经学"地位的儒学典籍降格为一般的史学资料，对典籍的作者和文本本身进行质疑，对儒学典籍所具有的连贯性的精神内涵进行解构。他们 1993 年在阿默斯特分校成立了战国时代研究小组，名为"辨古堂"。他们设立并负责该校庞大的战国研究项目（Warring States Project），该项目旨在对所有中国先秦文献作系统考据研究，以确定其成书过程和具体年代。由于《论语》在先秦典籍中时间跨度大，文本内容的断层性最为明显，就逐渐成为他们研究的中心，其成果集中体现在 1998 年出版的《论语辨》译本中。该书在美国汉学界引起了轩然大波，出版之后的两年间，美国专门的译评就有 5 篇，中国也有高峰枫、丁四新、金学勤等人的译评。

（二）《论语辨》译本与白氏夫妇的文化观和翻译观

1998 年，白氏夫妇合译的《论语辨》译本（The original analects：sayings of Confucius and his successors）是战国项目的一项成果。全书共 340 页，简短的两页前言交代了该书的研究目的及其读者范围。白牧之在译本的前言说道，他们的作品首先是一个《论语》成书时间的考证，其次才是一部新的翻译。（E. B. Brooks and Brooks 1998，vii）该译本是针对汉学领域及普通读者中对先秦典籍的具体成书年代感兴趣的人。译文部分的篇章结构完全打乱了《论语》原文 20 章的顺序，按照他们所认定的《论语》不同章节加入的时间顺序，重新排列，每篇的翻译主要由三部分组成。引言、译文和注释、总结和阐发（Reflections）。其中，引言部分大致交代了该篇的时代背景和主题内容。译本基本上采用直译，核心术语大多采用音译，注释部分主要说明《论语》内部不同篇章之间的关系，对词义和哲学内涵的解释较少。总结和阐释的部分主要是概括主旨，进一步指出该篇的时代特征，为证明其成书时间服务。可见，他们的翻译始终围绕《论语》各篇的成书时间。他们通过近三十年的文本细读和考据研究，认为《论语》中最原始的核心部分是《里仁第四》，成书于孔子死后，即公元前479年。其他内容都是在以后230年（到公元前249年鲁国被灭）的时间里以每12.7年一篇，或每一代人（25年）二篇的速度层层累积起来的。现存版本中的一至三篇则是以逆序，即三、二、一的方式分别于《先进十一》《子路十三》和《卫灵公十五》各篇之后增补进去的，第十六至二十篇是最晚的部分，其中《尧曰二十》之所以残缺破碎，乃是由于其编撰过程在公元前249年鲁国被灭而突然中断的。（preface E. B. Brooks and Brooks 1998，vii-viii）白氏通过文本细读和词源学、语言学和历史学考据研究，不仅为每篇确定了具体的编撰年代，还从每篇中辨认出大量的"篡插"内容（interpolations）。因此，在译文后有 5 个附录。分别是 The Accretion Theory of the Analects；Developmental Patterns in the Analects ；A Window on the Hundred Schools；Confucius and His Circle；A Reading of LY1-4 in Text Order。详细介绍了《论语》的层累说，及其基于层累说所断定的《论语》各篇被加入的时间，并认定了每篇中对原本的"篡改"内容。最后在参考书目后，他们还列出了篡改内容的清单以及译文中使用的汉语表音系统（Common Alphabetic，or CA）与韦氏拼音和汉语拼音的对照表。他们的译本，没有列出《论语》原文，加上采用 CA 标音系统，又有不同章节符号的标示符，从一个译本的角度看，相当繁复和杂乱，尤其不能突出原文和译文的对比，更像是一部研究专著。

为了证明"层累论"的合理和正确性，他们提供了大量的证据，主要借助语文学（语言的特点和句子结构的变化）以及历史考证，体现在该译本的附录、注释和评论以及译本的安排顺序中。白氏夫妇认为，"里仁篇"是《论语》中最早的一篇，大致成书于公元前 5 世纪，重点是对政治、公共道德和价值观的论述，其核心是"仁"，除第 15 章之外，各章一律以"子曰"起始，几乎全部记录孔子原话，且文辞简约。而且，儒家思想中较晚出的概念如"孝""礼"，"里仁篇"均未提及。此外，"里仁篇"没有引证任何著作，孔子本人似乎不依仗任何外在的权威。按白氏的话说，我们仿佛能从字里行间听到孔子本人的声音。"述而不作，信而好古"的孔子尚未形成，我们遇到的是一个怀旧、激愤、痛悼时弊、慷慨激昂的孔子（高峰枫 2002，140-41）。而从《乡党》到最后，以及《论语》的前三篇，其话题主要集中在个人和家庭及社会的关系，其核心是"礼"。由此可见，作为早期儒家思想史的《论语》，本身经历了从"仁"到"礼"、从"公共"到"个人"两个层面的过渡。这样，按照白氏夫妇的观点，'仁'是孔子的核心，而'礼'则是儒家的核心（E. B. Brooks and Brooks 1998，16）。由此，白氏夫妇把孔子与儒家思想进一步剥离开来。

从翻译的角度看，其译本看似倾向于直译，保持原文的语言和文体结构特征，实际上是以此来突出各篇不同的编写年代和编写者的不同所导致的差异，从而证明《论语》的层累论。再者，这种机械性的直译和亦步亦趋的模仿，也不能忠实地再现原文的真实内涵和风貌。尤其是对"仁"这样的核心术语的翻译问题上，白氏夫妇要么采用音译，要么采用带有西方哲学内涵的词汇。如前所述，他们认同"仁"是最初由孔子提出的《论语》中最为核心的概念，之前的译者虽然对"仁"有不同的翻译，但大多都认为"仁"有相对固定的哲学内涵。可是，白氏夫妇则否定了"仁"具有相对固定的含义，完全把它认定为随着不同编纂者的变化而变化。这样就从根本上否定了"仁"作为儒家思想的核心术语的有效性。这也是白氏夫妇采用音译的原因。

音译看似是一种异化表达，实则是一种"不翻译"。陈荣捷最反对的就是使用音译，他强调"书名必译，有词必释"，首先要确定术语的基本内涵。"仁"的基本内涵主要有两个方面，一个是指具体的某种美德，一个是宽泛意义上的美德，所有善义的基础。然后再看它在不同儒学派别中的所指，最后结合词源学上的意义，确定一个较为恰当的译词 humanity。安乐哲则为了突出中英语言哲学思维的差异，倾向于翻译加汉字和注音的方式，翻译为 authoritative persons（ren 仁）。

《里仁》篇中，"德"译成"virtue"，"義"被译成"rightousness"；这些都是带有强烈的西方哲学和思想预设的词汇。陈荣捷和安乐哲等"文本中心"范式下的译者批评的译法。另外还有"君子"译成"gentlemen"，"小人"译成"little man"都是不假思索的机械性的直译。更有甚者，白氏夫妇在讨论《论语》的过程中经常援引早期基督教作比较，谓曾子可比保罗（E. B. Brooks and Brooks 1998，49），以孔子比耶稣，乃至将《论语》部分篇章比作《福音书》，称最早的"述而篇"还不是最后一部"孔门福音书"（Confucian Gospel）（E. B. Brooks and Brooks1998，45）他们甚至还效仿基督教教义中的"基督论（christology）"造出 Confucianology 一词。由此可见，白氏夫妇"西方文化中心主义"的意识形态仍在他的译本中时隐时现，充分体现了其译本的"文本相关"范式。他们的研究重点不在揭示《论语》及其作者的核心价值观，而是通过对外部文化、权力等因素的分析，大致从文体和主题上确定《论语》的成书时间，证明其"层累论"的合理性。

这种《论语》"层累论"（accretion theory）成书说，不仅为《论语》各篇的编撰确定了具体年代表，而且根据"层累论"，他们认为《论语》是一部记录了孔子之后两个半世纪的儒家思想史，而且这一思想史主要是孔子之后作为儒家传人的弟子和后裔政治博弈的产物，是他们应各自时代需求"发明"的内容。人们很可能联想到《三国演义》一类的著作，对《论语》的可靠性和神圣程度大打折扣……这些观点可能会彻底改变《论语》、孔子、儒家甚至中国哲学传统的形象。这无疑动摇了《论语》作为唯一记载孔子言论的儒家经典的地位，甚至会影响中国哲学传统的形象（金学勤 2009，19）。同时，它也否定了《论语》具有连贯的哲学体系和统一的精神内涵。该学说也遭到很多西方学者的批判。(Slingerland 2000；Henderson 1999；Cheang 2000）史嘉柏认为白氏夫妇不是对《论语》进行了历史性"historicize"的解读，而是"hyper historicize"过分强调历史，反而忽略中国哲学典籍超越历史的经典文化内涵。（Schaberg 2001，132）李玛平认为，白氏之所谓"层累"，就是弟子之间在互相倾轧并争夺儒家领导权和儒学阐释权的博弈过程中，对原始《论语》进行的重新编排、反复改窜和增补"。（李玛平 2007，98）

我们认为，在白氏夫妇的译本中，《论语》不再是传统上人们所认为的孔子语录，记录儒学奠基人孔子对道德、政治、教育、伦理、人生等重大问题的观点，而是摇身一变，变成了孔子弟子与后代之间，互相倾轧并争夺儒家领导权和儒学阐释权的政治博弈之史实的记载。孔子也不再是《论语》的权威作者，他们把孔子从儒家思想中割裂开来，将其架空为一个"真实"的历史人物。白氏夫妇打着"从历史语境"中发现"真实的孔子和《论语》"的旗帜，置《论语》这一体现中国文化核心价值观的儒学典籍的经典地位于不顾，将其当作证实"层累论"的工具，对其进行篡改、编排甚至删除，带有强烈的"西方文化中心主义"的色彩，都是为了完成其战国研究项目而服务。而他们选择战国研究项目的初衷也是受到西方大的文化背景的影响，尤其是受到 20 世纪 80 年代兴起的新文化史的影响，注重从历史中看到其背后的文化因素和各种权力关系，在这种思潮的影响下，他们倾向于从外部文化因素分析入手，而不是对儒学典籍内涵的研究，其最终的研究目标是借助"层累论"，考察所有先秦中国典籍的成书日期，而非其哲学内涵（Kline1999，266）。由于他们的汉语水平有限，对中国文化的了解不深刻，又急于完成如此宏大的战国项目，所以，他们的研究总是捉襟见肘、漏洞百出。

白氏夫妇的文化观和翻译观都建立在他们的"层累论"的理论基础之上，而层累论的可信度却有待进一步证实。并且，他们所宣称的那些支持"层累论"的假设，也都是站不住脚的。1. 他们认为中国典籍的成书过程就像树一样，遵守某种书目年代学（成书的年代跨度）是错误的。2. 他们使用的语言和史料等证据并没有广泛参考中国、日本及其他汉学家研究《论语》的材料，并没有注意传统和近代的注解和解释，也没有参考新出土的竹简《论语》，可信度不高。（Schaberg 2001，133-139）

《论语》英译者森舸澜（Slingerland）也指出白氏夫妇对自己提出的观点不能充分的证实，尤其是他翻译时采用的理论基础"层累论"是从自然科学借用到人文科学，很不适合，充其量只能作为某种隐喻存在，一个文本不可能完全具有像一棵红杉或珊瑚那样的扩散成长的结构，论语的结构应该更加复杂，而不是简单的叠加和篡加。即使是第三人称能够说明此书并非孔子本人所做，也并不能证明成书的时候孔子已经不在世。（Slingerland 2000，138）此外，他们还存在着"循环论证之嫌"。

白氏夫妇对《论语》及其他战国典籍的认识主要受到了清代学者崔述（1740—1816）的"疑古派"思想以及顾颉刚《古史辨》的影响，正如白氏夫妇在后记中宣称，"层累论"是与韩愈、柳宗元开创的《论语》疑古传统一脉相承的。（E. B. Brooks and Brooks 1998，339）而且，他们在扉页上还写明此书献给疑古派代表人物清代的崔述，这也是其译名《论语辨》的由来。事实上，自唐代开始，就有人质疑《论语》是否是于一时、一地，由一人（或同一群体）辑录和编纂的。柳宗元在《论语辨》中的结论是："孔子弟子尝杂记其言，然而卒成其书者，曾氏之徒也。（高峰枫 2002，138）到了考证之风大炙的清代，更有崔述（1740—1816）的《洙泗考信录》对孔子生平行事以及《论语》做了更详细的考证："是以季氏以下诸篇，文体与前十五篇不类，其中或称孔子，或称仲尼，名称亦别。而每篇之末，亦间有一二章与篇中语不类者。非后人有所续入而何以如是？"但是大体上"义理精粹，文体简质……盖皆笃实之儒，谨识师言，而不敢大有所增益于其间也"。崔述只是认为《论语》一书应该出自多人之手，但其整体上的儒家思想内涵还是一致的，但白氏夫妇却沿着崔述的观点将这种怀疑扩大到整个《论语》，并且受到顾颉刚"古史层累成书说"的影响，提出了《论语》的"层累论"（Accretion Theory）成书说，由此说来，他的"层累论"也未免有夸大事实之嫌。

总之，白氏夫妇的《论语辨》译本，为了达到为其"《论语》层累论""正名"之目的，不惜把儒学典籍的核心文本《论语》贬低为一部孔子弟子与后代之间，互相倾轧并争夺儒家领导权和儒学阐释权的政治博弈之儒家思想史，无疑动摇了《论语》作为唯一记载孔子言论的儒家经典的地位，也把孔子从儒家思想中剥离开来，将其架空为一个带有文学虚构性质的人物。其间，或隐或显地流露出他们强烈的西方文化中心主义的文化观和翻译观，在翻译方法和策略上也以机械的直译和归化为主，翻译原则和目的都是为证明其"层累论"而服务的。他们关注的是《论语》文本外围的文化因素和权力关系，而不是忠实地传达儒学典籍的含义和特质，因此，他们的《论语辨》是典型的"文化相关"性范式下的译本，该类译本有损中国儒学典籍的经典形象。但作为汉学家或研究者的身份而言，《论语辨》具有一定的原创性，开拓了史学研究的新视角。白氏夫妇努力和严肃认真的研究态度也值得学习，但是他们的研究缺乏足够可靠的论证，有夸大史实之嫌，其可信度有待进一步证实。

四、"文本相关"范式下的译本在中西文化交流中的作用

无论是以西方文化为中心，轻视或贬低中国儒学典籍在中国文化中的核心和经典地位，对其进行任意的篡改；还是带有一种肯定的、乌托邦式的"东方主义"倾向，表现出对中国文化的狂热化和理想化，过度强调或夸大中国儒家文化中的某一点，为解决美国文化中出现的问题而寻找答案；亦或是出于个人的职业需要，或业余爱好，以大众读者为对象的侧重对中国儒学典籍的现代诠释，"文本相关"范式下的译本都不以忠实传达中国儒学典籍的内涵为出发点和归宿，总是在一定程度上对中国儒学典籍进行"改造"和"利用"。此类范式下的译者对中国文化的态度并非是理性的，要么是盲目地夸大或理想化，要么是有意无意的贬低，他们在中美文化交流中的视野是狭窄的，仅仅关注文化的输入对改造和发展目的语文化的有用性，往往忽视中美文化交流同时也是中国文化参与建构全球文化多样化的重要途径。但从另一个视角看，这些译本的产生，扩展了翻译研究的视角，满足了译者的文化身份和职业背景多样化、文化传播的策略多样化、译本用途的多样性、不同时代、不同层次的读者的多样性需求，在某些时候，反而能够促进儒学典籍在美国文化中更快、更广地传播开来，同样具有积极意义。

第六章　哲学文本的诗性翻译

春秋以来中国人从对宇宙人生的体验和对汉语特性的体验出发，着力探讨言意关系，十分重视语言表达的修辞艺术。对修辞艺术的仰重，是汉民族独特的思维方式在语言表达上的反映。"悟性思维和诗性表达特别擅长的中国人，在许多情况下，更是作为'修辞的动物'出场的。……中国人也很少借助抽象概念进入对象，而是常常以修辞化的方式抵达对象……"（谭学纯、朱玲，2002：74）。

因此，中国古代思想典籍中那些精微、深奥、抽象的理论，都尽可能采用各种修辞格来表达。张世英在比较中西方哲学著作的文体特色时说，"中国哲学著作几乎同时都是文学著作，哲学家大多同时是文学家和诗人，这已是不言而喻的事实。……中国哲学大多是哲学家们对自己的诗意境界的一种陈述或理性表达"（张世英，1997：167-168）。中国哲学传统重直觉、了悟，是天人合一过程中对人生的体验，是不以知为主的知、情、意等方面相结合的一个整体，往往揉理与情为一体，重哲与诗的结合，哲学家亦诗人，其文多富审美创造性。

以先秦儒家经典《论语》为例，该典籍是一部贯穿着儒家伦理思想的书，它所记录的言论，大多体现了孔子以"仁"为核心的思想。所谓"仁"，就是要通过修身立德来实行"仁政"，安定天下。"修身立德就要注意言语行动，所以孔子把言语同道德联系在一起。好的言语从根本上说必须符合道德的标准"（何战涛，2006：88），例如："君君、臣臣、父父、子子"（《颜渊篇》）说的是做人要名副其实；"人而无信，不知其可也。大车无，小车无，其何以行之哉？"说的是为人要言行一致、诚信为本。此外，还要注意说话的对象场合，归结一句就是"辞达而已矣"（《卫灵公篇》）。孔子还进一步谈到"质"和"文"的关系："质胜文则野，文胜质则史"（《雍也篇》）。孔子认为，言辞如果仅注重"质"而忽略了"文"，就会鄙陋；只追求"文"而没有"质"就会虚浮。所以君子的言辞应该是"文"与"质"的结合，正所谓"文质彬彬，然后君子"（《雍也篇》）。这些观念，直接影响到孔子的言语行事。

"文化学派"的旗手、美国翻译理论家安德烈·勒菲弗尔（Andre Lefevere）在《翻译、改写以及对文学名声的制控》一书中明确指出："翻译是对原文的改写。所有的改写，不管目的如何，都反映了特定社会中的某种意识形态和诗学以某种方式对原文的操纵"（Lefevere，1992：vii）。在"意识形态"和"诗学"这两个促发译者改写的基本要因中，勒菲弗尔更侧重前者，认为它"主宰了译者的基本策略"（同上），也主宰了翻译过程中遇到难题时所采用的方法。

先前的传教士和汉学家翻译儒学原典，改动原作内容，抛弃原作文体，是出于强权文化的意识形态对中国文化的蓄意扭曲，体现当时西方在对待中国文化上的一种普遍的傲慢态度。例如，学者们普遍认为，"理雅各翻译中国经书的主要目的是引导英语民族在中国经典中的意识形态投射，以方便西方学者了解中国文化，促进基督教意识形态在中国的传播"（辛红娟，2008：339）"是一个（将中国经书）去经典化的过程"（王辉，2008：114）。出于西方当时的需要，理氏以传达原文的意思为主要目的，通过各种手段让西方人了解中国，"至于文学作品的可观赏性对于理雅各来说则是次要的"（岳峰，2004：165）。

当然，理氏忽视中国经典的文学特色也有单纯诗学上的动因。理氏从语言学的角度意识到内容的忠实与文体的一致很难两全，因此，他"不仅不把原作的文学性放在重要的地位，还坚决反对'以诗译诗'的操作方法，把精力更多放在内容的考证上，不注重追求诗韵"（辛红娟，2008：339）。他的这种翻译主张，为后来汉学家模仿。

英国汉学家、翻译家阿瑟·韦利在他的《道德经》译本前言中明确说道："依我看来，如果将译作的文字优美放在重要的地位，同时又要重视原文在译文中的质量，读者就得准备牺牲大量精确的细节。这种翻译，我把它叫做'文学翻译'，相对应的是'文字翻译'。我要表明的是，这个《道德经》

译本不是'文学翻译'。理由很简单，原文的重要性并不存在于其文学质量，而在于它所要表达的哲理。我的一个目的是要在细节上精确地表达原文的哲学思想"（Waley，1934：14）。

理氏和韦氏显然将中国典籍的内容与形式割裂开来，并以孤立、静止的眼光看待文本分类，导致了以上的说法和做法。然而，他们却忽视了中国思想典籍大多也是文学典范这一事实。中国古人云："言之无文，行而不远"。能够流传后世，广为引用，并为思想家、批评家反复研究的经典作品，不仅在内容上有深刻之处，在形式上也往往独树一帜。西方文化中，不少哲学、宗教典籍也有其不可忽视的文学功能。例如，《圣经》除了是基督教经书之外，还是举世公认的文学经典，其语言文辞之优美，比喻之形象、贴切对现代英语语言、文字产生了巨大的影响。可以毫不夸张地说，无论西方还是东方，一部作品的文学价值越高，就越可能上升到经典的地位。因为就文学意义而言，经典必定是指那些已经载入史册的优秀文学作品。

彼得·纽马克相信，无论哪一类翻译，所追求的都是至高无上的真实，非文学文本追求伦理上的真实，而文学文本追求的是美学上的真实（转引自段峰，2009：31）。如果说译出语文化思想会给译入语文化带来冲击，翻译面临的是吸收新思想、新文化与译入语如何保全自身文化的张力，那么，来自译出语文化中的文学样式和表现形式给译入语文化带来的则是新的审美体验。因此，对文化思想和文学形式的翻译可采取不同的态度和方法。在翻译中保留原作的修辞、表达等美学特征不大会遭遇来自译入语意识形态等方面的反对，反而能满足读者欣赏异域文学的好奇心。当然，带有民族特征的文学语言也会增加翻译操作的难度，如何在译文里做到不落俗套，同时又不至于使意义过于受损，无疑对翻译构成了挑战。

直到几十年后，刘殿爵的中国典籍英译才让英美读者感受到中国思想典籍的文体之美。刘殿爵在《道德经》已有多种英译本的情况下动手翻译这一古代文化典籍，其主要原因如他自己所说，"毫无疑问，《老子》是被翻译得最频繁的中国典籍。但遗憾的是，许多译者没能使读者意识到中国思想的博大和语言的美，只是满足了一些人了解东方玄秘思想的需求"（Lau，1963：7）。

在传达中国经典语言美、文体美这一问题上，安乐哲深受其师刘殿爵的影响。他与合译者的译笔流畅优美，富于文采。这一方面是因为安乐哲等译者深受后现代思想的影响，坚决反对以往西方传教士、汉学家们不顾中国思想典籍富含文学价值这一做法，力求在当代语境中重新树立汉语经典的地位；另一方面，哲学文本中的文学样式，如诗歌，起着表达深刻哲学思想、增强论证力度的作用。安乐哲和郝大维在《中庸》英译本的附录里就专门讨论了中英诗歌中重复表现法的说理功能，以此来证明，文学作品中形式与内容并非互不相干或彼此矛盾的两套体系，而是相互支撑，相辅相成。为此，安乐哲及合译者在保留儒学典籍的美学特征上特别下了功夫。

第一节　文质彬彬——保留原作的修辞特色

文质彬彬是先秦儒家散文体的一大特点，其中的修辞手法多种多样，例如反问、对偶、排比、引用、比喻、感叹、反复、复叠、回文、顶真、设问和借代等，不一而足。这些典籍大多文简意丰、质朴含蓄、诗味无穷、回味隽永，给人以悠然神远之感。

《论语》《中庸》等典籍中使用了许多极易上口的对偶句。对偶从形式上看，音节数目相同，整齐匀称，容易押韵；从内容上看，对偶句广泛运用一种朴素的辩证观点，事物被认为是两种对立因素的统一体包含在其中，凝练集中，概括力强，具有鲜明的民族特点和特有的表现力。在对偶句中，一些语义相关、相近或相反的词语在前后句重复或交替出现，如"质胜文则野，文胜质则史"（《雍也篇》），"举直错诸枉，则民服；举枉错诸直，则民不服"（《为政篇》），等等。这些句子，从形式方面说，有整齐匀称的美感，又形成了循环往复的情趣；从内容方面说，通过正反两方面的对比论述，有助于全面描述事物。

排比是把内容相关、结构相同或相似、语气一致的几个（一般要三个或三个以上）短语或句子连用的方法。古人说："文有数句用一类字，所以壮气势，广文义也"（陈骙《文则》），说的就是排比的作用。《论语》中已经有这种修辞手法的使用。如："智者不惑，仁者不忧，勇者不惧"（《子罕篇》），"老者安之，朋友信之，少者怀之"（《公冶长篇》）等。这些排比句式的使用，不仅使语句增加了气势，更重要的是适应了多角度、多层次阐述事理的需要，从而使意思的表达更加完整，给人以深刻的印象。

如果说安乐哲和罗思文在翻译儒学关键词时使用的主要是诠释的方法，在文体方面则非常注重原文的表现方式。原文的修辞手法大多在译文里得以保留。例如：

子曰：知者乐水，仁者乐山。知者动、仁者静、知者乐、仁者寿。《论语·雍也篇》（排比、对偶）

The Master said,"The wise（zhi）enjoy water;those authoritative in their conduct（ren）enjoy mountains. The wise are active;the authoritative are still. The wise find enjoyment;the authoritative are long-enduring."（109）

天地之道，博也，厚也，高也，明也，悠也，久也。《中庸》26（反复）

The way of heaven and earth is broad, is thick，is high, is brilliant, is far-reaching, is enduring. （107）

早期儒家典籍的语言生动形象，和行文中大量使用比喻有直接的关系。儒学那些精微、深奥、抽象的理论，都尽可能采用恰当的例子以浅喻深，化抽象为形象，变枯燥为生动。

在《论语的哲学诠释》一书中，安乐哲和罗思文大多保留了《论语》原文中的比喻和意象，并以连贯的、符合译入语读者接受习惯的方式来表现它们。例如《论语·公治长篇》的第 7 章：

子曰："道不行，乘<u>桴</u>浮于海。从我者，其由与？"子路闻之喜。子曰："由也好勇过我，无所取<u>材</u>。"

原文中的两个意象"桴"和"材"本属于物质文化概念，英语文化中也有相应的形象，要作到准确传译其实不难。但由于一些译者把意译作为翻译的主要策略，忽视了原文的意象，产出的译文也就如同白开水一杯，平淡无味。请看理雅各的翻译：

Legge：I will get upon a raft, and float about on the sea...He does not exercise his judgement upon matters. （98-99）

原文中的"材"在译文中已了无踪影，只留下一句简单释义。刘殿爵倒是注意了原文中的意象。

Lau：Should the way fail to prevail and I were to put to sea on a raft. He has not even a supply of timber for his raft.（67）

原文的"无所取材"意思是"没有别的用处，不能够裁度事理"（安德义，2007：113）。刘译的 timber for his raft 所指"造桴"之"材"，使得整个译文因为有了比喻而凭填了生气，同时也没有违背原文的主旨。安乐哲、罗思文显然参考了刘殿爵的翻译。

Ames & Rosemont：The Master said,"If the way（dao 道）did not prevail in the land, and I had to take to the high seas on a <u>raft</u>. the person who would follow me I expect would be Zilu."Zilu on hearing of this was delighted. The Master said,"With Zilu, his boldness certainly exceeds mine, but he brings <u>nothing</u> with him from, <u>which to build the raft</u>."（96）

《论语·公治长篇》中还有一章也使用了意象。

子在陈，曰："归与！归与！吾党之小子狂简，斐然成章，不知所以裁之。"

"章"的本意是"文锦""好衣料"，"斐然成章"用来形容"有文采之貌"（安德义，2007：131）。"裁"指"裁剪"。有"文锦"故曰"裁"，裁而用之。不知所以裁之而欲归鲁，鲁有裁之之具。或许是没有找到译入语中相应的比喻，抑或是认为保留此处的比喻并不重要，理雅各和刘殿爵两人都没有使用意象来翻译意象。

Legge:They are accomplished and complete so far, but they do not know how to restrict and shape themselves. （103）

Lau:Our young men at home are wildly ambitious, and have great accomplishments for all to see, but they do not know how to prune themselves. （79）

安乐哲和罗思文的译文则顾及了原文的意象。

Ames & Rosemont:The Master was in the state of Chen, and said, "Homeward! Homeward! My young friends at home are rash and ambitious, while perhaps careless in the details. With the lofty elegance of the literatus, they put on <u>a full display of culture</u>, but they don't know how to <u>cut and tailor</u> it."（101）

a full display of culture 可算意译，"章"这一形象并未浮出水面，但 cut and tailor 却生动刻画了"裁"这一动作，与"章"相映成趣。读者也可从中猜测 a full display of culture 的概貌。这样的处理不仅在译文篇内构成了连贯，也形成了原文和译文的互文。

在对待一些属于原文文化专有的形象、意象时，安乐哲和罗思文也是尽量保留原文形象，同时予以适当的解释，以便读者能明白其意，而不像别的译者那样全凭解释，可以说达到了直译加解释的较高境界。如《论语·八情篇》第13章：

王孙贾问曰："'与其媚于奥，宁媚于灶'，何谓也？"子曰："不然；

获罪于天，无所祷也。"

Ames & Rosemont:Wang-sun Jia inquired of Confucius, quoting the saying:"It is better to pay homage to the spirit of the stove than to the spirits of the household shrine. What does this mean?"The Master replied:"It is not so. A person who offends against tian has nowhere else to pray."（85）

在这里，"灶"是 the spirit of the stove，即中国传统文化中的"灶神"；"奥"是 the spirits of the household shrine。中国古人认为奥神比灶神尊贵，但灶神可以"上天言善事"，有实权。问话人的隐含之意是与其巴结地位高的人，不如巴结地位相对低一些却有实权的人。译者并没有因文化差异而把原文中的比喻解释为意义，而是选择了保留原文中的形象，符合他们一贯对待文化差异的做法。

子曰："色厉而内荏，譬诸小人，其犹穿窬之盗也与？"《论语·阳货篇》（明喻）

Lau:A cowardly man who puts on a brave front is, when compared to small men, like the burglar who breaks in or climbs over walls.（325）

Ames & Rosemont:The Master said,"As for the person who would give the outward appearance of being stern while being pulp inside, if we were to look to petty people for an example of this kind of deceit, it is the house burglar who bores holes in walls or scales over them."（206）

孔子把面色严厉而内心怯弱的人比作挖洞跳墙的小偷。此章的英译者们是可能地将原文中的形象直接传递。小偷这一类人物在译语文化中也有出现，但是恐怕挖洞的小偷不是常见，因而刘殿爵换用了"break in"，将抽象的事物和人们熟悉的现象对比，使得道理浅显易懂。

但安乐哲、罗思文的翻译在辞格的选择上，仍然是保留明喻的形式，也不抽换本体和喻体，因为本体和喻体在不同的文化之间能够找到重叠甚至是相似之处。

子曰："吾岂匏瓜也哉？焉能系而不食？"《论语·阳货篇》（暗喻）

Ames & Rosemont:"Am I just some kind of gourd?How can I allow myself to be strung up on the wall and not be eaten?"（205）

原文中采用的是暗喻的方式，即采用"甲就是乙"的表达式。相对于明喻，这种表达方式更增添了一种意境，激发读者的形象思维，发掘其隐含意义，进而加强印象。这个隐喻中，本体为孔子自己，而喻体为"匏瓜"，早在《国语·鲁语》中即有"苦匏不材，于人共济而已。"所谓"共济"，是指人携带着晒干挖空的匏瓜，渡水时不会沉下去。此处孔子以"匏瓜"自比，称自己并非是只能挂着让人看而不能吃的苦葫芦，诙谐地表现出老夫子"仕而得禄"的愿望。此句的翻译中，译者基本上是直译，还在注释中引用了韦利的注释，指明"食"字应该作"食东西"和"食俸禄"两种理解。结合上文，孔子希望去做官而遭弟子反对，译者相信读者可以产生相同的联想。

子曰："人而无信，不知其可也。<u>大车无輗，小车无軏</u>，其何以行之哉？"《论语·为政篇》（暗喻）

Ames & Rosemont: The Master said,"I am not sure that anyone who does not make good on their word（xin 信）is viable as a person. <u>If a large carriage does not have the pin for its yoke, or a small carriage does not have the pin for its crossbar</u>, how can you drive them anywhere?"（81）

古代车前驾牲口的部分有两根直木称辕木，辕木与横木相接处，大车称"輗"，小车称"軏"。驾车时，牲口在辕木里，或必须扣上，车才能平衡拉动。这里用来比喻如果人无信用，就如车无"輗"或"軏"，无法行动。尽管这一暗喻负载着文化信息，安乐哲和罗思文依然保留了喻体，并未将其转换为一般信息。在各种语言文化频繁交往，各民族相互理解加深的今天，一些物质文化层面的隐喻已不足以构成理解的屏障，外语读者能够轻松地获取它们的比喻之意。

子之武城，闻弦歌之声。夫子莞尔而笑，曰："<u>割鸡焉用牛刀？</u>"《论语·阳货篇》（借喻）

Waley: To kill a chicken one does not use an ox-cleaver.

注：A saying of proverbial type meaning, in effect, that in teaching music to the inhabitants of this small town Tzu-yu is'casting pearls before swine'.The proverb may well have had a second, balancing clause, here alluded to, but not expressed;such as,"To teach commoners one does not use a zither."（Waley, 1998：229）

Legge:Why use an ox-knife to kill a fowl?（227）

Ames & Rosemont:Why would one use an ox cleaver to kill a chicken?（203）

此句在现代汉语中已变成了一句成语，或者说对于原文读者，这已经是反复使用的死喻。但是对于目的语读者却并非如此。在此情况下，《论语》的各位英译者也使用了不同方法：韦利引用"cast pears before swine"来注解这一句，其实是拿一文化专有的典故来类比另一文化中的典故。出自《圣经·马太福音》的这个俗语，意思是不要把圣物给狗，也不要把珍珠丢在猪的面前，恐怕暴殄天物。该俗语西方读者十分熟悉，用来翻译"割鸡焉用牛刀"，虽然意思隔了点，也还能起到"动态对等"的效果。韦利还进一步解释了此比喻的意义。

时隔多年，在中西文化频繁交流，人们之间的了解相互加深的今天，安乐哲和罗思文相信西方读者对中国文化的接受能力，采用直译的方法，即不丢失原文的修辞，也不会导致读者不知所以。

安乐哲、罗思文《论语》译本能保存原文修辞特色，还体现在以下几个方面：首先，在兼顾语法正确和意义可解的基础上采用较小的翻译单位，甚至逐字翻译，较好地反映出原文的句序词序。

子曰："学而/时/习之，不亦/乐乎？有朋/自远方来，不亦/乐乎？人不知/而不愠，不亦/君子乎？"《论语·学而篇》

The Master said:"Having studied, /to then repeatedly/apply what you have learned-is this not/a source of pleasure?To have friends come from distant quarters-is this not/a source of enjoyment?To go unacknowledged by others/ without harboring frustration-is this not /the mark of an exemplary person（junzi 君子）?"（71）

子曰："知之者/不如/好之者，好之者/不如/乐之者。"《论语·雍也篇》

The Master said,"To truly love it/is better than/just to understand it, /and to enjoy it/is better than/simply to love it."（108）

用天之道，分地之利，谨身节用，以养父母，此庶人之孝也。《孝经·庶人章》

By making the most of the seasonal cycle（dao 道）and discriminating among the earth's resources to best advantage, and by being circumspect in their conduct and frugal in what they use, they take proper care of their parents. Such, then, is the family reverence of the common people.（52）

其次，原文本为语录体，口语化程度较重，感叹、反诘、设问、猜测等说话人的各种语气都需译者去揣测、模仿。安、罗的译文对原文的语气把握到位，句式对应相当成功，说话人的语气跃然纸上。

有子曰："其为人也孝弟，而好犯上也者，鲜矣；不好犯上，而好作乱者，未之有也。君子务本，本立而道生。孝弟也者，其为人（仁）之本与！"《论语·学而篇》

Master You said:"It is a rare for someone who has a sense of filial and fraternal responsibility to have a taste for defying authority. And it is unheard of those who have no taste for defying authority to be keen on initiating rebellion. Exemplary person concentrate their efforts on the root, for the root having taken hold, the way will grow there from. As for filial and fraternal responsibility, it is, I suspect, the root of authoritative conduct （ren 仁）."（71）

这一例中，原文中的"也者……与"判断句式在译文中是以 it is 这种强调句型再现的。译者通过加词 I suspect 更是体现原文说话人的判断语气。

孔子谓季氏，"八佾舞于庭，是可忍也，孰不可忍也。"《论语·八佾篇》（设问）

Confucius remarked on the Ji clan:"1f the Ji clan's use of the imperial eight rows of eight dancers in the courtyard of their estate can be condoned, what cannot be?"（82）

子曰："视其所以，观其所由，察其所安。人焉廋哉？人焉廋哉？"《论语·为政篇》（反诘）

The Master said:"Watch their actions，observe their motives, examine wherein they dwell content;won't you know what kind of person they are?Won't you know what kind of person they are?"（78）

　　试比较理雅各和刘殿爵该句的翻译。

　　Legge:How can a man conceal his character?（73）

　　Lau:In what way is a man's true character hidden from view?（21）

　　安氏的译文可说是依字序译出。原文的反话的语气译得尤见功夫，译文也更接近口语体，适合用来翻译《论语》这样的对话体裁，不像其他两个译文书面体程度较强。

第二节　嘤嘤成诵——以语音传递语义

人类所研究的语言最初都是指语音形式的语言，书写只是语言的一种记录方式。索绪尔曾多次谈到过思想与话语、意义与声音之间的自然联系，认为语言是组织在声音物质中的思想（索绪尔，2004：157-159）。德里达也说，"符号（能指/所指）概念在其自身中含有赋予语音实体的特权和将语言学树立为符号学的'样式'的必要性。实际上，语音是'被赋予意识'的赋意实体，在其内在深处，它与所指概念的思想联结在一起。……语音就是意识本身"（转引自何佩群，1997：71-72）。

中国古人也非常注重文学作品中声音的效果。《文心雕龙·声律篇》有云："故言语者，文章神明枢机，吐纳律吕，唇吻而已"（刘勰，1958：552），其意思是说："声音为文章之关键，又为神明之枢机，声音通畅，则文采鲜而精神爽。至于律吕吐纳，须验之以唇吻，以求谐适"（同上：556）。声音贵在"通畅"，贵在"谐适"，这便是后来人们所讲的文学作品中的音乐效果。

中国典籍中抑扬顿挫的音律节奏，叠音叠字和尾韵，生成可唱可和的音乐感，使汉语读者的审美意识处于积极的活跃状态，容易产生期待、共鸣和满足，是作者与读者达致审美体验融合的一种催化剂。但由于汉、英语言文字系统迥异，要在译文中保留原文的音韵美几乎是不可能的。尽管如此，安译还是注重传递中国经典作品的语音美、音乐美。例如《论语·述而篇》的第 37 章"君子坦荡荡，小人常戚戚。"

The exemplary person is calm and unperturbed;the petty person is always agitated and anxious.（119）

"荡荡"和"戚戚"两个叠词除了自身的语义作用之外，还用来保持语音的平衡、动听。安、罗二人用 calm and unperturbed，agitated and anxious 两个并列形容词构成的词组来分别对译这两个叠词，不仅能准确地传递语义，在营造语音效果方面也颇为成功，尤其是后一词组以英语的"头韵"对汉语的叠词，补偿了丢失原文修辞的缺憾。试比较 Legge 和 Lau 的译文：

Legge：The superior man is satisfied and composed；the mean man is always full of distress.（125）

Lau：The gentleman is easy of mind，while the small man is ever full of anxiety.（125）

理氏的译文显然也注意到叠词的语音作用，也使用了并列的形容词组，但后一个却不大成功。刘氏的译文则全然没有顾及原文的这一修辞特点。

再看《子张篇》的第16章：

堂堂乎张也，难与并为仁矣。

Legge：How imposing is the manner of Zi-zhang. It is difficult along with him to practise virtue.（249）

Lau：Grand, indeed, is Zhang, so much so that it is difficult to work side by side with him at the cultivation of benevolence.（359）

Ames & Rosemont：So lofty and distant is Zhang that it is difficult indeed to work shoulder to shoulder with him in becoming authoritative in one's conduct.（222）

"堂堂"为"高不可及"之意。安、罗二人用 lofty and distant 两个并列形容词来翻译这个词，显然也是顾及到原文词语的语音效果。而不是像理雅各或刘殿爵单用一个词 imposing 或 grand 就匆匆了事。

还有《泰伯篇》第18章：

巍巍乎，舜、禹有天下也而不与焉！

How majestic they were-Yao and Shun reigned over the world but did not rule it.（124）

"有天下也而不与"中的"有"和"与"是一对双声词，有特殊的语音作用。译者分别用了 reign 和 rule 两个词在译文中营造了头韵的效果，代替了原文的双声词。

第三节　以诗译《诗》，重树汉语经典地位

所谓"经典化"，"意谓被一个文化里的统治阶层视为合乎正统的文学规范和作品（即包括模式和文本），其最突出的产品被社会保存下来，成为历史遗产的一部分"（埃文—佐哈尔，2002：21）。

在古代中国，从数千首民歌和古诗中精选而成的《诗经》正是文学作品"经典化"的典型例证。孔子所谓的"兴于《诗》，立于礼，成于乐"（《论语。泰伯篇》），说的是修身次第，不学《诗》无以言，可见儒家对《诗经》的重视。

《论语》里引用最多的经典要数《诗经》。就安乐哲、罗思文来看，"这305篇诗原本是用来吟诵、歌唱的。其中一些确实包含有显而易见的道德寓意，但大多数诗篇不过是中国上古社会生活的真实写照。这其中有缠绵的爱情诗，有哀悼应召出征的丈夫或儿子的诗，有吟咏自然风物的诗，有描写渔猎活动的诗，有歌颂友情的诗，有刻画节日欢乐的诗，也有记述古代传说和礼仪的诗"（安乐哲，罗思文，2003：14），它们是公元前9世纪左右中国社会中贵族和平民日常生活的最生动的画面。但安乐哲、罗思文认为，孔子之所以多次征引诗章是为了"阐述、印证他的一些重要的美学、道德或是政治观点"（同上）。

这种理解有一定道理。孔子引用其他文本的目的在于比喻、强调或引申，例如，《诗经》里"思无邪"的"邪"字本是吃喝牲口的语气词，到了《论语》中却被孔子引申用来对《诗经》的内容做总体评价，即"思想端正无邪"。

这就验证了自古以来"诗言志"（《尚书·尧典》），"诗以通情性"的说法。诚如新批评理论家（the new Critics）所言：文学形式并非存在于真空之中，也非一个无法触及的抽象之物。论及诗歌的形式，自然会联想到相关的一系列问题。首先诗歌是由人创作的，诗歌的形式只是某些诗人为了解决某个特定问题（诗性的或个人的）的个人行为；其次诗歌是历史时代的产物，且因它是以语言方式表达的，形式自然就与周遭的文化语境相维系；最后诗歌是由人来阅读的，这就意味着读者不会像机器那样被动，而是能体

察出形式的生动内涵。（Brooks & Warren 1960：XIV）

在《中庸》的附录里，安乐哲和郝大维也用了好几页的篇幅来讨论中国思想文本中诗歌的作用。在他们看来，中国古代经典的一个共同的、富有魅力的特征是，"在进行某种哲学论述时，它们会忽然转入诗的语言。诗的参与和广泛应用，对哲学家和诗来说似乎都是一件双方受益的好事。从诗的角度来说，它形成了自己的结构和类别，作为一种蕴涵着深远意义且为人类共享的文学形式库，经历了再次经典化的过程；而对于哲学家来说，诗是他们的哲学思想获得经典阐释的有效工具"（Ames & Hall，2001：133）。

《论语》《中庸》与先秦时期其他的哲学文献广泛引用了《诗经》中收集的经典诗歌，其中一些可能是普通大众广泛吟诵、传唱的诗歌。这些诗歌当中，一些诗句的反复吟咏，"在不断的复沓中，后一句的出现并不掩盖前面的陈述，而是一同涌现并以一种历时性的延续方式，在心理上形成共时性的情感和时间知觉效果"（沈亚丹，2007：173）。例如《诗经》中的《黄鸟》："交交黄鸟，止于棘。""交交黄鸟，止于桑。""交交黄鸟，止于楚。"

诗中的言说"是一个语意生成和消解的过程，如同在音乐声中，也同样存在乐句的发生和消失的过程。在音乐进行过程中，一个乐句的发生，必然有待于另一乐句的消失，但是前一乐句的消失并不意味着被抹去，而是停留在听者的心理知觉中，成为下一乐句不可或缺的前提"（沈亚丹，2007：173）。

现代英语诗歌中，诗句的重复也有类似的效果。安乐哲、郝大维以英语诗歌为例，其中罗伯特·弗罗斯特（Robert Frost）的《雪夜停宿林中》Stopping by Woods on a Snowy Evening 中就有反复吟诵的一节：

The woods are lovely, dark and deep,

But I have promises to keep,

And miles to go before I sleep,

And miles to go before I sleep.

（转引自 Ames & Hall，2001：17）

沃丽丝·斯蒂文（Wallace Steven）的《冰淇凌之皇》 The Emperor of Ice Cream 中也有一节重复的诗句：

Let be the finale of seem,

The only emperor is the emperor of ice cream;

....

Let the lamp affix its beam,

The only emperor is the emperor of ice cream.

（转引自 Ames & Hall，2001：18 ）

两个例子中，诗歌小节末的重复句是用来修饰整首诗歌的。安、郝二人认为，诗歌的反复吟颂，决不是不着边际的东拉西扯，而是总结其主要意义的重要手段（Ames & Hall，2001：15-18），无论古汉语诗歌还是现代英语诗歌，其内容和形式都有密切的关联。这种观点直接影响了他们对儒典中引用的《诗经》片段的处理，即一贯地采用主体诗学中的诗体来传递原文抒情、说理的功能。

安乐哲和郝大维还认为，《论语》《中庸》等经典在阐明某一哲理时引用《诗经》中的诗句，意在用诗歌的停顿或反复强调某一哲学观点。蕴涵着古典意味的诗歌在这一过程中意义得以解码，变得清晰明朗，作者也可以借传统经典之权威来维护自己的哲学主张（Ames & Hall，2001：132）。

例如，《论语·八佾篇》引用了《诗经》中的一首诗：

"巧笑倩兮。美目盼兮，素以为绚兮。"

这是一首描绘女子漂亮外貌的诗，孔子借该诗将绘画原理上升到哲学的高度，向其门徒子夏说明真正的美是由内而外的气质美。子夏心领神会，并将其引申到"仁"和"礼"的先后和内外关系，即"礼后乎"。

利用诗歌，哲学著作能把文本中普通或抽象的主张带入实际生活，并把它们放置于更具体的历史语境中，诗歌把论证推向高潮并赋予它感情色彩。这样，一首引用得恰到好处的诗歌不仅能够有力地表达哲学家的主张，还能赋予其激情，在引用者结束一场争论或发表见解时会爆发出巨大的影响力，因此成为哲学家们结束讨论时喜用的手段。可以说，诗歌是中国古代经典的重要组成部分。

就诗歌翻译而言，当代翻译理论家勒菲弗尔曾提出过七类翻译策略，其中之一便是"译诗为文"（poetry into prose），亦即将用韵或不用韵的外国诗歌一律处理成散文体形式。运用这种策略而诞生的文本大多语言优美，又能避免诗体翻译（verse translation）经常出现的歪曲和谴词的夸张。仅就意义的传递而言，这样的译文非常精确，也较诗体翻译更接近原作的意图。在翻译过程中译者往往能放下包袱，由此而从那种一味地逐字对译的僵死模式中解脱出来。这种方法也因此受到不少译者和批评家的青睐。翁显良（1983：137）就赞同译诗应贴近原诗的风格而非一味追求形式上的近似："……翻译只能与原作近似，首先是神似，其次是形不至于太不相似，不至于面目全非……"。

　　不过"译诗为文"的方法也有某些先天不足。由于节奏整齐并且押韵，诗的语言行进构成乐曲，音响效果和谐悦耳，因此也能更有效地表达内容。而且，"散文形式无法像诗歌那样将读者的注意力引向某些特定的词语，它既不能在行内凸显某个词语，同时为照顾行文的流畅优美，也不能随意重复某些语汇"。（Lefevere1975：43）

　　理雅各等译者因注重传递中国经书的内容信息，采用了"译诗为文"的方法翻译《论语》等典籍中引用的诗歌。但鉴于诗歌是"形"与"质"密切结合的整体，加之译者过多地迁就诗歌的内容，使用的又是一种完全不同的文类来翻译外国诗歌，这样势必会造成原作某些信息的失落，尤其是对原诗形式的传译更是如此。如《论语·子罕篇》的最末一章：

　　"唐棣之华，偏其反而。岂不尔思？室是远而。"

　　理雅各是以散文的形式来翻译这首诗的：

How the flowers of the aspen-plum flutter and turn!Do I not think of you?But your house is distant.（143）

　　原诗是对仗工整的四言，用词精练且寓义深刻。理译的句式长短不一，how，do 和 but 等功能词在句首出现使得句子看似平常，语言平淡无味，不具备诗歌的简洁和意韵，诚如勒菲弗尔所言，"译诗为文"容易"派生出一种不太稳定的混生结构，这种结构总是不断地游离与诗体和散文体形式之间，又试图寻求平衡，却永远无法达到理想的彼岸"（Lefevere，1975：42）。

　　与"译诗为文"相对的手段是"以诗译诗"，采用这种方法，自然要讲究声音效果。然而，不同语言的诗歌有不同的声律，诗人按其本族语言的格律习惯，使语音的清浊轻重、语调的抑扬与节奏的快慢都随着思想感情的变化而变化，以求达成最佳的艺术效果。

王力（1962：1）说："（汉语）诗词的格律主要就是声律，而所谓声律只有两件事：第一是韵，第二是平仄"。"汉语诗歌中的'韵'先于诗歌而存在，成为诗歌得以产生的条件，而且以大量的双声、叠韵、叠词等等形式，潜在地存在于诗歌语言中"（沈亚丹，2007：53）。汉诗通常注重押尾韵，句末一字是诗句必顿的一个字，是全诗音节最重的地方，如果没有一点规律，音节就不免杂乱无章，前后也就不能串成一个完整的曲调。

此外，"上古诗歌中的语气助词在不同诗句的同一个音节位置有节奏地反复出现，也是形成音韵的方法之一，其实际作用和韵相同，在客观上促成诗歌节奏的形成。"（同上：54）

例如《诗经》中许多语气助词就起到了"韵"的作用。如《绿衣》：

绿兮衣兮，绿衣黄里。心之忧矣，皆维其已。

绿兮衣兮，绿衣黄裳。心之忧矣，皆维其亡。

（着重号为笔者加）

关于平仄，"古代有四个声调，即平声、上声、去声、入声。平声以外，其余三声都是仄声。平声大约是比较长的音，而且是一个平调，不升也不降；其余几声大约是比较短的音，有升有降，因此形成了平仄的对立。诗人们利用这种对立来造成诗的节奏美。"（王力，1962：2-3）

英语诗歌虽然用韵的特点不同，也没有平仄系统这种汉语诗歌特有的音乐形式，但也有其节奏和押韵的规律。

"英诗的节奏单位是音步，一个音步有一个重读音节，此外还有一个或两个轻读音节。由于重读音节和轻读音节排列的格式（rhythm pattern）不同，因此就有不同类型的音步。英诗中的常用音步有四种，即抑扬格（一个轻读音节之后接一个重读音节）、抑抑扬格（两个轻读音节之后接一个重读音节）、扬抑格（一个重读音节之后接一个轻读音节）和扬抑抑格（一个重读音节之后接两个轻读音节）"（吴翔林，1993：14-16），英诗以这些基本音步来对应传达汉诗中的内在节奏。

英语中的"韵"（rhythm）包括头韵（alliteration）、腹韵（assonance）和韵脚（rhythm proper）。头韵指在一组词或一行诗中用相同的字母或声韵开头；如果两个或几个词的重读元音音素相同，而头尾的辅音音素不同，则构成腹韵；韵脚则要求押韵的词重读音节中的元音音素必须相同；其后如有辅音音素则也必须相同，但其前如有辅音音素则应不同。

汉诗英译时，译者若使用英语诗歌的音韵节奏势必会改变汉语诗歌的声律特色，但在一定程度上也能补偿汉诗的语音修辞效果在翻译中的走失。

安乐哲及合译者采取了以诗译诗的方法，力求让英语读者在了解中国哲学的同时，也领悟到中国典籍中诗歌的音乐美感，虽有"戴着镣铐跳舞"之困惑，但译者巧妙运用了补偿等翻译技巧，在译入语中重新塑造了汉语诗歌的经典形象。

请看《八佾篇》第八章：

子夏问曰："'巧笑倩兮。美目盼兮，素以为绚兮。'何谓也？"安乐哲、罗思文是这样翻译的：

Zixia inquired:"What does the song mean when it says:

> Her smiling cheeks——so radiant,
>
> Her dazzling eyes——so sharp and clear,
>
> It is the unadorned that enhances color?"（84）

译文运用了分行的手段表明翻译的是一首诗歌。原诗前两行为四字，后一行五字，语气助词"兮"字起到了押韵的作用。译诗前两行为七音节、三音步，（第二行不太整齐）后一行为十音节、五音步；原诗遵循的是短长律，而译诗是抑扬格，以抑扬格对短长律。译文版式的排列、句式的长短、音调的高低起伏，再现了原文句式错落、音声相和的修辞特色。

最值一提的还是该译诗的末尾，译者用一句解释"It is the unadorned that enhances color"？点明"仁"和"礼"孰为先后、孰为内外的涵义，无论在形式还是在功能上都颇具英语寓言的功效。这说明译者在重视原诗审美价值的同时，也一直关注它的说理功能。

《论语·子罕篇》中《唐棣》一诗，安、罗的译文如下：

"唐棣之华，偏其反而。岂不尔思？室是远而。"子曰："未之思也，未何远之有？"

The flowers of the wild cherry tree,

Flutter and wave.

How could I not be thinking of you?

It is just that your home is so very far away.

The Master said,"He wasn't really thinking of her,

Or how could she be far away?"（133）

原文是《诗经》中的一首诗歌，译文也分行、押韵（如四、六行），表明这是一首诗歌，与理雅各的散文体形成对比。

《论语·泰伯篇》第 3 章引用了《诗经》的诗行：

战战兢兢，如临深渊，如履薄冰。

安乐哲、罗思文的翻译保留了原文的诗味：

Fearful!Trembling!

As if peering over a deep abyss,

As if walking across thin ice.（121）

原诗的"战战兢兢"被译成 Fearful！和 Trembling！两个词，"如临深渊"，"如履薄冰"也译成了反复吟诵的诗句。

第七章　仰视抑或操纵——儒典英译的副文本

　　"越来越多的学者意识到翻译是一个文化的责任——一个文化对异（于自）己（者）亦即他者文化的无可推卸的责任，但却是一个不可能的责任，一个不可能一劳永逸完成的责任。"（伍晓明，2005：32 ）现代阐释学已证实了文本的意义具有不确定性和无限的开放性。解构主义颠覆了原作和作者的神圣地位，认为文本意义是符号的无限延伸，是一个能指滑向另一能指，是意义的蔓延繁生。由于文本意义的多样性、不确定性和开放性，文本的终极诠释根本就无法实现。另一方面，译者只能根据自己的认知能力、表达能力、生产译本的各种社会制约因素、目标语文化的各种规范来诠释文本，一个原文有不同解读的情况在所难免。

　　而且，翻译作为人类文化交往的重要途径，是有着明确目的的人类文化行为。严格说来，"所有的翻译都是为了达到某种目的对原文本进行的某种意义上的操纵"（Hermans，1985：9）。从哲学意义上说，"目的"是一个主观性概念，决定人类活动的价值。根据冯·赖特（Von Wright，1968 ）等人的行为理论，弗美尔说，"任何形式的翻译行为，包括翻译本身，都如其名称所昭示的那样，是一种行为。任何行为都有目的，有意图。……而且，任何行为都将会导致一种结果，一个新的事件，甚而有可能产生一个'新'的物体"（Nord，2001：11-12）。弗美尔将其理论称作"目的论"（Skopos theorie/Skopos theory）。该理论认为，翻译作为一种行为是人类出于交际的目的而进行的语言符号之间与非语言符号之间的转换。任何翻译都有其预期的受众，他们的期待和交际需要决定翻译的目的，因此，翻译就意味着"在目标语环境中生产满足目标语受众目的（期待）的文本"（同上：12）。

全球化是一柄双刃剑，西方文化在大力向外界推广时自身也遭遇到多元文化的冲击。作为当代西方学者，安乐哲等学者意识到了西方传统思维方式、信仰、价值观中潜在的危机。他们之所以从事儒学典籍重译的工作，目的是挖掘中国哲学和文化的特殊性和当下意义，并以此来补充和改善西方传统观念。在《和而不同：比较哲学与中西会通》一书中，安乐哲（2002：15）宣称："我们要做的不只是研究中国传统，而是设法化之为丰富和改造我们自己世界的一种文化资源。儒家从社会的角度定义人的观念是否可以用来修改和加强西方自由主义模式？……我们自己的宗教经验怎样才能通过思索中国的有关观点而得以丰富呢"？安乐哲等人在西方思想传统、价值观念面临严重危机之时重译儒经，其目的和动机是双重的，他们要借助翻译，改变以往被汉学家误读的中国哲学、文化，突出儒学的独特和差异性，同时又关注其现实意义，要让自己的研究和翻译为改造西方世界所用。

作为译者，安乐哲采取了与"欧洲中心论"占据统治地位时期的西方译者大相径庭的态度，对文化他者不是俯视、抑制甚至颠覆，而是仰视它们，也就是说，译者试图接近中国文化，有典型的"中国文化中心"倾向。不过，安氏等人并非历史学家或人类学家，他们的翻译目的不仅是把异域文化的全貌展现给读者，同许多关心自身文化建设的西方学者（译者）一样，他们关注的是文化的功能，即外来文化对译入语文化的作用。这样一来，他们对外来文化的诠释就不免带有选择性：突出了一些对西方文化有修正、补充作用的中国文化特征；淡化，甚至抑制了一些文化共同点。另一方面，要普及儒家思想文化，就要解决跨文化交流的问题。安乐哲等人的预期受众并不限于专业的哲学研究者而是包括普通的英语读者，例如，安乐哲和郝大维在《中庸》英译本的前言中表明："我们尝试为研究中国思想的学者以及初次涉猎中国哲学文本的教师和学生提供一种资源"（Ames & Hall，2001：xi）。读者对中国思想文本的期待与通过翻译文本与儒家文化交流的需求在很大程度上影响了译者的翻译决策。哲学典籍原本就抽象深奥，倘若一味地采用异化的翻译手段突出差异，产出陌生化效果的译文，读者未必乐于接受，要沟通中西语言、文化，以消除或克服语言、文化的隔膜，译者就不免在翻译中进行跨文化协商。

译者尽管在很大程度上受到翻译目的的驱使，同时也要考虑翻译的职业道德问题。由于这一问题受到越来越多的关注，德国功能学派学者诺德在目的论中增添了"功能加忠诚"这一法则。"忠诚"有别于传统译论中的"忠实"，说的不是译文对原文的忠实对等，而是指体现在翻译中的人际关系，换言之，是译者与原作者、译文读者、翻译赞助人、发起人等之间的关系。为了"忠诚"，译者需在诸多涉及翻译活动的主体利益之间取得平衡。这其实是对译者提出了更高的要求，译者必须是专家，他/她能够为实现翻译的目的、译本的功能，采取各种手段，协调各主体间的利益。因此，译者应当有自由进行选择，当然，选择越多，担负的责任就越多，面临的伦理问题也越多。

安乐哲把自己在北京大学的演讲集命名为《和而不同：中西哲学的会通》，旨在表明他研究中国哲学的目的及方法。"会通"是哲学的研究方法，即通过对不同观点的全面研究，综合各观点，取长补短、和而不同。对于"会通"，哲学家张岱年有这样的解释："于异观同，合众为一。观点之兼综。观点即观察者所居之位。观察者不能无所居，而随观察者所居之位不同，其观察所得亦不同。不同之观点，虽有区别，然亦相互补足。不同之观点，各有所见，亦各有所不见。观点之兼综即融会贯通诸观点之所见而各予以适当的位置。不同之学说系统，各有所长，亦各有所短，各发见一方面真理。兼综之术，在于裁长补短，兼取异说之真理而摈弃其妄见。"（张岱年，2005：104-105）

基于这样一种兼收并蓄的研究视角，安乐哲等人的比较哲学研究既要寻找中国哲学在思维、语言、道德、宗教等方面的独特和差异性，又需发现中西哲学的交汇点、契合处，唯有如此，才能让中庸、和谐、崇尚自然等传统的中国文化观念与西方传统的两极论、知识论、本质论等形成互补，创造中西哲学交流的机会，丰富西方文化的资源。

翻译过程中，译者面临的每一次选择都是译者对文本实施操纵的机会，大至宏观的版本选择、标题的翻译、添加副文本，小至对译文的词汇、句法结构、修辞、语篇布局的裁定，译者的操纵贯穿于从原文选择到译文被接受的整个过程。本文说的"操纵"指的是译者的策略选择，是一种较为中性的概念，既包括翻译理论界通常认为的带有"政治和意识形态"意味的"操纵"，也包括译者较少或并无政治或意识形态意味的语言和审美策略。

在宏观翻译过程中，译者的操纵可分为对原文的操纵、对译文语言的操纵和对读者的操纵。译者对原文的操纵，包括对待原文本的版本选择和是否全译、节译或改写等抉择，也就是图里所说的译者须遵循翻译的"预备规范"（preliminary norms）。译者对译文本语言的操纵包括改造原语的句子结构，调整句法规则，变通有关的词汇以及文化信息含量丰富的概念、表达法等，这在前面的章节已有详细论述。译者对译语读者的操纵从其对原文本进行选择的时候就已开始，之后一直贯穿于翻译的整个过程。本文所说的"译者对读者的操纵"包括译者对孔子儒学做出理论预设、根据该预设对儒学原典进行诠释和翻译以及通过"周边文本"对读者的阅读和接受进行引导等。这里说的"周边文本"，有时被译为"副文本"，是 1979 年热奈特（Gerard Genette）在《广义文本之导论》中首创的术语。他后来解释说，"是我当时在其他地方苦于找不到更好的术语而称作'副文本性'的东西，如标题、副标题、互联型标题；前言、跋、告读者、序；插图；磁带、护封以及其他许多附属标志，它们为文本提供了一种（变化的）氛围，它大概是作品实用方面，即作品影响读者方面的优越区域之一。"（热奈特 2000：68）作为一种"导读"性质的材料，"副文本"表明译者的翻译意图和方法，暗含了译者的翻译价值取向，是对读者接受"相异"文本的引导和指示。

第一节 版本选择与原文的连贯性

典籍翻译的读者大致可分为两类：一类是专家学者，他们对一个新译本的态度往往是仔细阅读过后，重新思考再提出评论。译者在"副文本"中的操纵或许会成为他们赞同译者的依据，抑或成为他们对译本进行反思、批判的材料。不过，对于普通读者来说，他们对异域典籍文本的了解都源自翻译活动的媒介——译者，对其给予了充分信任。因此，译者在文本外围所作的任何决定都会直接影响读者接受视域中的文本形象。"译者对原文的操纵首先体现在对待译文本的选择上，对那些存在版本问题的原文，又具体体现为版本、版次的选择。不同的版本呈现不同的初始文本形象，译者的不同选择将会影响翻译文本整体形象的关键因素。为了保证与读者对话的顺利进行，译者常会有意识地采取一些语言的、非语言的引导性措施，即运用'副文本'信息操纵读者的接受取向。"（辛红娟，2008：245）

一、定州《论语》本——典籍的真实面目

安乐哲、郝大维（2004：14）认为："近年来一些传世文献'新'版本的发掘，以及许多久已亡佚资料的发现为许多经典的重新阐释提供了机遇，同时也让哲学家们获得了一个提高和重新审视我们'标准'翻译的机会"。这就意味着，不同的版本会导致不同的解读，典籍的重译成为必要和可能。

安乐哲等人的儒学典籍英译是以当代考古学和文献学的新发现为重要依据。以《论语》的版本选择为例，该书是一部记载孔子与弟子言行的书。在其漫长的传播过程期间，因为传抄、记忆或史料、记载有出入等原因产生了各种不同的版本，给译者造成了选择原文本的困难。安乐哲、罗思文在《论语的哲学诠释》一书中专门做了一篇附录详细解释了他们选择《论语》定州本作为参考的理由。

《定州论语》是 1973 年于河北定州出土的《论语》竹简版，"是目前发现最早的《论语》抄本……录成释文的共 7567 字，不足今本《论语》

的二分之一。其中保存最少的为《学而》，只有 20 字；保留文字最多的为《卫灵公》，有 694 字，可达今本的 77%"（河北省文物研究所定州汉墓竹简整理小组，1997：1）。

译者发现，《定州论语》与传世版的《论语》差别极大，比如说，在各篇的分章问题上，《定州论语》的残简上题定的章节与字数大多与传世本不同。而且，两种版本的分章情况迥然相异。"定州本分做两章的地方，传世本有时合为一章；定州本为一章之处，传世本可能断成两章甚至是三章。如果考虑到异体字和语法词，《定州论语》每一章中的每一句话都在某种程度上与传世本不同。也就是说，在不到传世本一半的文字中，差异之处达 700 多例，几乎相当于释文的十分之一"（Ames & Rosemont，1998：276）。

不过，笔者在对照安译参照的原文和国内两个较权威的《论语》版本——杨伯峻本（2006）与杨树达本（2007）时发现，除了一些断句与标点符号之外，安乐哲、罗思文参照的原文并没有多少出入，可见译者在以《定州论语》为蓝本的同时，还是参照了较早的传世本进行翻译，不同之处，以《定州论语》为准。现仅就《学而篇》，将几个版本的差别列举如下：

1.6 子曰："弟子入则孝，出则悌，谨而信，凡爱众，而亲人（仁）。行有余力，则以学文。"（安乐哲，罗思文译本原文）

子曰："弟子，入则孝，出则悌，谨而信，凡爱众，而亲人（仁）。行有余力，则以学文。"（杨伯峻本）

1.7 子夏曰："贤贤易色；事父母，能竭其力；事君，能致其身；与朋友交，言而有信。虽曰未学，吾必谓之学矣。"（安乐哲，罗思文译本原文）

子夏曰："贤贤易色；事父母。能竭其力，事君能致其身。与朋友交，言而有信。虽曰未学，吾必谓之学矣。"（杨树达本）

1.8 子曰："君子不重则不威；学则不固。主忠信。无友不如己者。过则勿惮改。"（安乐哲，罗思文译本原文）

子曰："君子不重，则不威。学则不固。主忠信。无友不如己者。过，则勿惮改。"（杨伯峻本）

1.11 子曰："父在，观其志；父没，观其行；三年无改于父之道，可谓孝矣。"（安乐哲，罗思文译本原文）

子曰："父在观其志；父没观其行。三年无改于父之道，可谓孝矣。"（杨树达本）

就以上列举的几种版本的《学而篇》来看，不同之处均在断句和标点符号，不大影响句子的解读。因此，《定州论语》的残缺不全并不影响安乐哲、罗思文对原文的整体理解，显然，译者同时还参考了其他版本的《论语》。

为什么要选择《定州论语》作为翻译的参照呢？原因在于，该版本不仅是最早的《论语》版本，还因其特异之处，成为研究《论语》的新材料。"定州汉墓竹简《论语》中的文字，差异很多，其中有的是抄写者抄漏、抄错或随意简写的字，有的则是按底本上写的字"（河北省文物研究所定州汉墓竹简整理小组）。属于底本上文字的不同，不仅反映有无差误，也应当能够反映出它是哪种《论语》，所以可供学者深入研究。因此，安乐哲和罗思文认为《定州论语》与传世本的不同之处，澄清了一些学界的纷争（Ames & Rosemont，1998：275）。

例如，《为政篇》第 16 章："攻乎异端，斯害也已"。传世本多作"攻乎异端"，而《定州论语》作"功乎异端"（河北省文物研究所定州汉墓竹简整理小组，1997：12），并把"功"释为"治学"（同上：14）。对于"攻"的理解，历代注家都有争议，杨伯峻把"攻"解为"批判"，因此"攻乎异端，斯害也已"今多译为"批判那些不正确的言论，祸害就可以消灭了"。安、罗二人参看了《定州论语》，他们认为，杨伯峻之所以把"攻"解为"批判"，是忽略了"攻"字之后，介词"乎"的存在（Ames & Rosemont，1998：233 ），因此，他们把"攻"解为"治学"。

试比较该章的几个英译文：

Legge：The study of strange doctrines is injurious indeed.（75）

Lau：To attack a task from the wrong end can do nothing but harm.（23）

Ames & Rosemont：To become accomplished in some heterodox doctrine will bring nothing but harm.（79）

本着传播真正的中国哲学、文化的目的，译者们运用了中国考古学的新成果，选择了最早的，因此也是最能反映《论语》真实面目的版本。同时，译者们也明确指出了《定州论语》对儒学理论建构的作用。例如，《论语·为政篇》有这样一句：

"五十知天命，六十而耳顺，七十而从心所欲，不逾矩。"

有的《论语》版本中没有"耳"这一字，因此，有人推测，这段文字中的"耳"可能是讹误。但《定州论语》此处亦作"耳"（河北省文物研究所定州汉墓竹简整理小组，1997：11），安乐哲、罗思文坚持保留该字，两人认为这句话里处处隐含着"道"的隐喻，具体形象地阐释了为道的过程："立志、而立、不惑、知天命、耳顺、从心所欲不逾矩"（Ames & Rosemont，1998：232）。该字的诠释支持了他们对孔子思想中修己、践仁、循道的解释。可以说，选择《定州论语》本作为翻译的参照，是译者们进行儒学理论建构的第一步。

二、儒家宇宙观——《中庸》文本的连贯解读

《中庸》这部儒学典籍原是《礼记》中的第三十一篇，宋代理学家单独抽出成书。历代各注家对《中庸》的作者、内容、结构甚至哲学观点都存有争议。及至朱熹表彰四书，为《中庸》划定章句，分为五个部分，并且疏通文脉，阐明义理，方使《中庸》显得条理清晰，结构完备。朱熹的解释，在元明清三代被奉为权威的解释。

但很多学者因该文本中多处出现的不连贯而持有异议。例如，理雅各就不认同朱熹的分析。他翻译《中庸》，虽然采用了朱熹的章句与分段，但得出的结论却截然相反：

第一部分（第1章），朱熹认为它"首明道之本源出于天而不可易，其实体备于己而不可离，次言存养省察之要，终言圣神功化之极"，是"一篇之体要"。（朱熹，1983：18）

理雅各指出，它"开端尚可，但作者接下来并未阐明篇首的几句格言，却变得晦涩神秘，让人摸不着头绪"（Legge，1861：55）。他不认同的是其中"中和"的宇宙观，视之为"神秘主义"。（同上：46）

第二部分（第2至11章），朱熹认为是"子思引夫子之言，以明首章之意"。（朱熹，1983：18）

理氏则认为这一部分与首章并无关。（Legge，1861：47）

第三部分（第 12 至 20 章），朱子认为是"杂引孔子之言以明之""盖以申明首章道不可离之意也"。（朱熹，1983：23）理氏则认为这些章节无助于"更好地理解第一章中的段落"。（Legge，1861：49）

第四部分（第 21 至 32 章），朱熹认为是子思"承夫子天道人道之意而立言"，并且"反复推明"。（朱熹，1983：32）理氏则认为这一部分令读者"时而惊诧于作者的夸夸其谈，时而疑惑他究竟用意何在"。（Legge，1861：50）

第五部分（第 33 章），朱熹认为是"举一篇之要而约言之"（朱熹，1983：40），即全篇的总结。理氏则批评，这一章"将人的德性逐步上推，最终与上天之德相提并论"（Legge，1861：54）。

很难说理氏是刻意挑剔。因为从字面看，《中庸》确实不大连贯。

第一部分由"（天命之）性"突然转到"中和"；第二部分引孔子之言谈论"中庸"；第三部分谈实践层面的伦理、政治与宗教问题；第四部分又转向新的话题——"诚"。就连朱熹也曾为《中庸》的结构费尽心机："熹自早岁，即尝受读而窃疑之，沉潜反复，盖亦有年；一旦恍然，似有得其要领者"（朱熹，1983：15）。

朱熹发现的"要领"，也就是《中庸》内在连贯性的保证，是将书中几个表示实体的概念协调起来，第一部分的"中和"和第二部分的"中庸"，核心都是"中"，而"中"就是篇首的"（天命之）性"；第四部分的"诚"也是指"（天命之）性"。"既如此，则第一、二、四部分都没有偏离'（天命之）性'与'性'的实现。至于第三部分，则是'率性之谓道'在实践层面的表现"（王辉，2008：112）。理氏显然熟悉朱熹的解释，甚至还表示过赞同。譬如他承认："所谓的'中'就是天命之性"（Legge，1861：45）；"几乎所有人都同意'中庸'和'中和'同义"（同上：251）；"诚""不过是'中和'的（又）一种说法"（同上：51）。而他的翻译，却与朱熹的解释格格不入。他将"诚"译作"sincerity"，后者显然无法表示实体的"（天命之）性"的形而上意义，割断了第四部分和篇首的关系。他将"中庸"译作"the Mean"，也无法显示"中"的本体意义，割断了第二部分与篇首的联系。

可见，"理雅各批评《中庸》结构混乱，毫无章法，很大程度上是因为他坚持对'中庸'和'诚'作了本质主义的解读与翻译，拒绝接受子思赋予这两个概念的形而上意义"（王辉，2008：112）。

安乐哲和郝大维虽然认为《中庸》并非为子思一人所做，很可能是一合成的文本，但他们仍然赞同朱熹的观点，认为《中庸》是一个衔接完好，结构紧密的文本，可以连贯地解读。在《切中伦常：中庸的翻译与哲学解释》一书的附录中，他们提到："我们赞同朱熹的观点，即首章不仅是整体的一部分，其实为整个作品的中心。在新近发现的文本中，'性自命出'和第一章中'天''性''命'等几个关键词的关系，与'心'和'情'一同构成了子思思想的几大区别性术语。子思的思想主题，以《中庸》为例，就是人类怎样通过努力与天道保持协调，使天、地、人形成三位一体"（Ames & Hall，2001：143-144）。

安乐哲、郝大维坚持连贯地解读《中庸》文本，他们拳拳服膺的还是自己认定的《中庸》文本所表达的"中和"的宇宙观。两位译者拒绝对《中庸》的核心关键词作本质主义的理解和翻译，例如，他们把"中庸"有时译作"the state of equilibrium"，有时译作"focusing the familiar"，前一个译名虽比较浅表，却是就"性"而言，这样一来，就与篇首的"（天命之）性"发生联系；而后一个译名则是"中庸"之德在实践层面的表现。"诚"这一术语被译作"co-creativity"，显然是将"诚"看作天所赋予的人性，而不限于人的"道德"，这就把《中庸》全篇有机地联系起来。而且，该解读符合"人若能尽其本性，则可参赞天地化育之功"这一儒家的宇宙观，相当于为人类指出一条不必依靠神恩救赎的超越途径，从根本上颠覆了基督教的神论。由此看来，原文本的结构问题也为译者表达自己的观点提供了机遇。

第二节 标题与副标题——哲学翻译的声明

为了方便译文读者的理解和接受，不少译者还通过添加标题、副标题或互联标题的形式进行操纵。译者会在标题中对读者进行内容的直接疏导。这一特点在安乐哲的儒学典籍英译中最为明显。例如，他和罗思文的《论语》英译本题名为 The Analects of Confucius: A Philosophical Translation《论语的哲学阐释》；《中庸》英译本名为 Focusing the Familiar: A Translation and Philosophical Interpretation of the Zhongyong《切中伦常：中庸的翻译与哲学解释》；《孝经》英译本题为 The Chinese Classic of Family Reverence: A Philosophical Translation of The Xiaojing《孝经的哲学翻译》，几部译著的题名都有一共同特点，译者主动声明这些译作都是从哲学的角度对原作的诠释。这些中国经典原著中包含了大量的内容和信息，哲学的、文化的、语言的、文学的、历史的等等，不一而足。翻译要做到面面俱到，把各种类型的信息都完整地传递给译文读者几乎不可能。译者所能做到的就如提莫契科所说的"换喻"（metonymy），即把部分信息作为转换的重点，而另一部分信息则为次要。以上的这些儒家典籍大都有过英译本，但大多是作为文学作品传入西方，译者和评论者关注的是它们的文学性或历史研究价值，很少有译者真正从哲学的角度去研究原作并对其做出哲学的阐释，安乐哲等人的哲学研究者身份自然有其说服力。在标题中点明翻译的重点，这种做法既能帮助读者把注意力集中在文本涉及的哲学问题，疏导读者从哲学翻译的角度去看待译者的选择，思考中国哲学话语进入现代西方世界的途径，同时也让读者对译者多了一份同情和理解，减少了读者对其译作责求其全的风险。

个别典籍标题的翻译表明了译者还十分熟悉注疏这种传统的汉学研究方法。在他们看来，尽管《孝经》标题中有"经"这一字，但直到唐代，统治者因需要抬高了它的地位，《孝经》才具备了经典的声誉（Rosemont & Ames，2009：6）。各注家也承认，与其他一些年代更早的典籍一样，《孝经》尽管有"经"这一字在其标题中，但在该典籍成书的时期，"经"

137

尚未用作"经典"之意。在当时的语境中，"经"的意思更可能作"常用信条"（constant tenets）解，因此《孝经》又被译成"孝的常用指南"或"孝的基本观念"。不过，译者们相信，无论"经"的起初意义是什么，《孝经》这部典籍在成书后就出现了大量的传本，并且在几个世纪以来成为完全意义上的"经典"，因此不加质疑地把其标题译为 The Chinese Classic of Family Reverence。

第三节　前言——译者目的的表白

前言或序言通常是最能体现译者知识管理的部分，译者的翻译目的常常在此一览无余。例如，晚清、民初学者辜鸿铭翻译儒经的首要目的，是要让西方人认识"真正的"中国文明，改变对中国的傲慢与偏见，进而转变对华政策。他在《论语》译序的结尾写道："我们希望有教养有头脑的英国人，抽出时间来读一下我们的译本，借此检讨一下他们对中国人的成见，改正这些先入之见，修正对中国人和中国的态度，进而改善两国关系。"（Ku，1898：ix，x）

同样，安乐哲等人也认为译文的序言是最能表白其翻译目的的场所。在《论语的哲学诠释》的前言的开始部分，他们写道："我们希望剖析《论语》背后的世界及其居民，还有他们使用的语言，使儒家之道对于现代西方读者来说更加明白易晓。"（Ames & Rosemont，1998：x）

在《孝经》的前言中，他们表达了同样的目的："在此，我们虽聚焦于儒学的劝导，但总体目的却很简单，即能够更好地理解和欣赏另一种思维方式，并能更好地了解和评价我们自己，促进一种兼容并蓄的文化对话而非排他性的争论。"（Rosemont & Ames，2009：xii）

儒家经典进入西方，在西方传播已有多年的历史，为什么读者还不能真正了解其背后的语言、文化和人？译者认为人类生存的环境决定了其视角的局限性。当一个民族用自己的视角去解读另一种文化，难免会发生偏差。用他们的话来说："我们无法意识到自己的基本假设与那些形成中国古代思想的假设之间的区别。这样，我们就肯定会把自己的世界观强加给中国，把陌生的东西变得很熟悉，把原本遥远的距离给拉近。"（Ames，1993：44）"我们总是预设了自己文化中熟悉的东西，而忽略了其他一些重要材料——恰恰正是它们，展示了作为文化之源的具有可比性的行为。"（Ames & Rosemont，1998：x）

通过这几段话，我们不难明白人类理解的历史性、局限性永远存在，以往西方译者对中国典籍的误读固有一些政治、社会、意识形态的原因，也不乏译者自身的思维习性的影响。安乐哲和罗思文也承认他们的诠释"决非一篇不偏不倚的中庸之作"（同上），其他学者或许会对他们的部分诠释提出异议，但他们"始终相信自己的观点是确凿有证的。"（同上）

在《中庸》英译本的前言中，译者明白指出："我们试图把这一重要的哲学文本用这样的方式呈现给读者，允许西方哲学家发挥创造力去阅读。希望我们的努力不仅能表明该文本自身的哲学价值，还希望能为西方哲学家与其他知识分子为中西方思想家共同关注的问题提供一套新的认识和论证。"（Ames & Hall，2001：xii）

翻译的描述学派认为，翻译的过程、产品和功能都能够客观地描述。但一些反对翻译的实证主义研究的学者对翻译和研究的客观性提出了质疑。提莫契科就坚持认为即使描述也会受到研究者视角的局限，这无法避免。为尽量保持客观中立，研究者能做到的就是不断地反省自己的视角。安乐哲及合译者一开始就提出译者的前见、视角的问题，认为西方译者应当向原文文化、语言靠拢；另一方面，他们又开诚布公地承认自己着眼于儒学的现代意义的诠释，这就表明，他们的研究和翻译是"求异"与"求和"两种方法的结合，先回归经典产生的历史语境，挖掘原文的内涵；之后，译者要对原文所表现的中国文化及哲学的特质作出选择，强调其对西方社会当下乃至未来的建构意义。

第四节　导言和附录——译本的纲领性文件

　　安乐哲等人英译儒学典籍各卷卷首均有长篇导言，或概论该典籍的构成及其地位，作者的生平及其学说，其主要相关人物的基本情况；或分述各卷历史背景、后代的注疏传统等等，不一而足。如果说从译本中我们看到的是作为翻译家的安乐哲，那么从导言中我们领略的则是作为比较哲学和汉学研究者的安乐哲。安氏等人对儒学的观念预设，基于学者和译者职责的区别，更多的出现在导言而不是译本中。

一、原文语言——翻译运作的起点

　　安乐哲等人所有的儒学典籍英译的导言中都有长篇的中西哲学对比、语言对比的讨论，这些见解是他们中西比较哲学研究的扩展。譬如，他们把西方语言的"本质性"与汉语的"事件性"对比，把西方思维的逻辑性与理性秩序与中国思维的美学秩序对比，把西方宗教的上帝模式与中国的无神论宗教相比，等等。不过，比起安氏等人的研究著作来说，译者在每种译本的导言中均增加了对中英两种语言特质的关注，这一特点非常明显。说到底，翻译无法脱离语言层面的操作，思想文化上的差异若不能从译文语言中得以体现，恐怕译者煞费苦心地再三强调，读者也无法深刻领悟。于是，安乐哲等人在各译本的导言中均使用了大量的篇幅来探讨两种语言差异。

　　在《论语的哲学诠释》中，译者们将英、汉语做过一番对比后提出："当我们把以事件性为特征的中文翻译成表达事物本质的英文时，为了更加忠实准确地反映原意，我们不得不对英译文进行适当的修改和调整。这也正是我们翻译《论语》时所遵循的原则"（安乐哲，罗思文，2003：23）。也就是说，安乐哲等译者力图在译文中还原孔子哲学的语言特点，因为语言与思维的关系密不可分。就如安乐哲和罗思文所说："在所有有关世界的话语之下都隐含着有关人类的信仰、态度的预设，它们沉积在产生这些话语的各种语言的具体的语法之中。"（同上：20）

例如，安乐哲和罗思文认为，西方语言是一种以名词占优势的静态的语言。西方哲学发达的概念体系对语言产生了直接的影响。西方科学家们坚信，构成一切存在的基本元素是物质（通常用名词或名词短语表达），物质的性质即存在于物质之中（由助动词表达），或者说物质是运动的（由动词表达）。（同上：27）

安乐哲、罗思文还发现，"中国古代思想家似乎从未察觉过任何物质是恒常不变的，相反，他们认为事物在不同时期与其他事物有不同的联系。作为万物的总体，'道'只有用'变'和'通'的语言才能捕捉它动态的特征。"（同上：27-28）两人还认为，古汉语中，作主语的名词短语经常省略，更增强了汉语的动态性、事件性这一特征，同时也增强了世间之存在的动态感与事件感（同上：28）。应该说，向西方读者"原汁原味"地传达孔子思想的有效途径是采用动词、动名词结构，其动态性最能体现孔子思想的事件性、情景性、过程性和感受性。

因此，他们在《论语》译本的导言中郑重声明："与其（在译文中）煞费苦心地划分名词与动词，还不如径直将之视作一种动名词化的语言"（同上：29）。例如"为政"，他们就一概译作 governing properly，而不是 to govern 或 proper government。

《切中伦常：中庸的哲学翻译和解释》一书的导言中也有相当篇幅的语言对比。安乐哲和郝大维把《中庸》文本中使用的语言创造性地称为"焦点和场域"（the language of focus and field）的语言，（在《论语的哲学诠释》里又称"关联性/过程性"语言），这种语言预设了一个由相互关联的过程和事件构成的世界，在这个世界里，没有一成不变的元素，唯有在现象中不断变化的"焦点"，每一个焦点都从它有限的视角观察整个世界（场域）（Ames & Hall，2001：7）。安乐哲、郝大维认为，《中庸》里"焦点和场域"的语言表达的是由相互交往的事物构成的世界，在这样的世界里，事物间相互影响，"不存在线形的因果联系，某一事物不可能单方面起决定作用，（这种语言）表现的只是事物的相互实现和自我实现，是一种自发的、无法用分析的手段来理解的过程"（同上：14）。两人继而以宇文所安的一段话为例，来说明这种语言的特征。

如果我们将"诗"译为 poem，这只是为了方便。"诗"不是一种 poem，它不是一样东西，不能像造一张床、描一幅画、做一双鞋那样制造出来。可以构思一首诗，对它加以润色、推敲；但这与"诗"根本上之所以"诗"并不相干。……"诗"不是其作者的对象。它是作者本身，是内之形诸于外（the outside of an inside）（Owen，1992：27）。

宇文所安不愿用英语的 poem 来翻译"诗"这个汉字，在他看来，创作诗歌与生产物质之不同在于，诗人不是把"诗"作为外在的一个事物来完成，而要将自己的身心投入到创作中去，使其具备诗人的思想和灵魂，"诗"与"诗人"内在地联系并相互实现。

因此，安、郝两位译者尝试使用他们所谓的"焦点和场域"的语言来翻译《中庸》。他们认为，比起西方人使用的本质性语言来说，这种语言具有以下优势："其一，它以一种注重事物的过程性和事件性的语言来取代描述互不相干的事物的语言；其二，它能够解释《中庸》中设想的那种自发的、相互往来的复杂联系的世界，而具有线性因果联系的西方语言只能把所有的关系都解释成外在的联系；其三，过程性语言的目标不是给出清楚而统一的定义，而是对中国哲学中诗性的、暗示性的话语提供足够的理解。"（Ames & Hall，2001：7-8）

进而，两位译者尝试使用英语的词汇串（linguistic cluster）来翻译《中庸》文本里的儒学关键词。古汉语词汇的隐喻和暗示的特征很难用单一的英文词汇来表现，因此，把汉语文本翻译成西方语言，最无成效的方法就是试图为汉字找一个固定的对等词。有时，译者需要使用一串英文词汇来表达一个汉字复杂多样的语义，而不应为避免歧义去寻找一个固定的译名。因此，他们使用了 focus focusing 和 equilibrium 来译"中庸"，个别情况下还使用了 center 和 impartiality，而"诚"则译为 sincerity 和 integrity，当然，最富创意的要算 creativity 这一译名，这一译名曾详细讨论过。

使用英语的动名词也是表现古汉语的过程性、动态性的一种方法。因为汉语反映的不是逻各斯中心，词汇也不是对事物本质的命名，而是表达短暂的、瞬间的过程和事件。

在译者们看来，理解《中庸》的一些关键术语的最好办法就是揭示词汇的语音与语义之间暗含的关系。例如，要理解"天"的意义，就不应去探究如何给它定义，而要去追问：《说文》把"天"解释为它的叠韵词"颠"的时候，这两字的意义究竟有什么联系，或者说，怎样理解"天"与其他相关联的汉字，诸如"命"和"性"的关系。古汉语使用近音字来训话的典型特征就是"事物"要成为"事件"，名词要成为动词，意示着汉语传统中占主导地位的过程性，例如"道"训为"蹈"，"德"训为"得"等。（Ames & Hall，2001：17）。总而言之，安乐哲及合译者把他们译本的导言作为联系其研究成果与翻译文本的最佳场所，通过思维与语言的关系为其翻译将要使用的词汇、句法等语言元素提供了最详细、清晰的解释。

二、参照新儒家注疏——拔高儒学地位

众所周知，儒经的译者，倘不愿拿一本白话译文敷衍成篇，就必须同时是一位解经的学者。他面对的是古奥难明的经文和纷繁芜杂的注疏。虽然经无达诂，不可求全责备，但译者的诠释必须符合儒学的整体精神，只执一家一说，往往流于偏狭浅陋，难以反映出儒学研究的成果，自然也就难以同西方哲学进行对话。

安乐哲等人诠释儒家经典，克服了以往西方汉学好作比附假说、轻视中国红学传统的偏见。他们每译一种典籍，必先广泛搜集历代评注。相对说来，安氏等人更倾向宋代以后新儒家的解读，牟宗三、唐君毅等有海外背景的新儒家的观点更是译者们经常参考的依据，并在此基础上做出自己的判断。

在《论语的哲学诠释》一书的导言中，安乐哲等人对以朱熹为代表的新儒家的注疏表现了较多的倾向。他们认为，"新儒学不仅使用外来的形而上学为自己的思想体系注入了宗教意味；而且用形而上学论证，甚至是强化了《论语》及其他早期文献中所刻画的儒家之道，人生中审美的、道德的和精神的进步完全有赖于个人家庭和社会责任的完成"（安乐哲，罗思文，2003：17）。

在他们看来，"将古代和后世儒家联系起来的核心纽带之一就是修身的重要性——此即《论语》的中心论题。这个问题不仅涉及审美的发展，而且

也关系到道德的强化、社会的利益和精神的洞察力。与早期儒家文献相比，新儒家倡导的修身中，包含了更多沉思冥想的成分。但是，对于修身和自我训练的重视则是古今一致，四海皆准的。"（同上：18）

从安乐哲等人的解释来看，新儒学最重要的作用是增强了儒家思想形而上的意味，这其实是有意拔高了儒学的哲学、宗教地位。一直以来，关于儒学是否为哲学，儒教是否为宗教的争论持续不断。西学东渐时期，西方传教士带来的"上帝"崇拜宗教模式与中国人对神学的见解发生了激烈冲突，引发了历史上著名的"礼仪之争"。在中国，两种不同的神学观念一直相持不下。冯友兰认为，"从理智上承认天命鬼神的存在，是宗教的一般特点，而儒家从道德上、情感上设定天命鬼神存在，则是一种诗与艺术的态度，不是宗教。"（单正齐，甘会兵，2008：16）但是，以牟宗三等为代表的现代新儒家则认为，儒家思想中孔子对天的超越遥契，是富有宗教意味的；而后发展至《中庸》讲内在的遥契，消除了宗教的意味，而透露出浓厚的哲学意味。因此，他们总结出儒家思想具有"内在超越"性，也就是说，儒教是以"内在超越"为特征的宗教（牟宗三，2008：3）。关于这些问题，安乐哲等人显然是支持牟宗三的观点。不过，安乐哲反对"内在超越"这一说法，在他看来，严格哲学意义上的"超越"，指的是一种完整的、不变的、永恒的、时空之外的原则，与中国传统思想没有关系，于是，他分别用"超绝"和"超越"这两个概念来表示西方的和儒家的宗教观。

再者，安乐哲等人从朱熹的《论语》注释中挖掘出儒家思想重审美、重道德和重修身的特征，而这些品质与价值观恰好与西方泛滥的工具理性、个人主义至上等观念形成鲜明的对比，这也是安乐哲等选择朱熹的注释作为其解读原典的重要参照依据的理由之一。

近来有学者提出，朱熹的《中庸章句》的诠释思想和方法实质是心学。例如朱熹的《中庸章句》把"道也者，不可须臾离也，可离非道也。是故君子戒慎乎其所不睹，恐惧乎其所不闻。莫见乎隐，莫显乎微，故君子慎其独也。"解释为：

"君子之心常存敬畏，虽不见闻，亦不敢忽，所以存天理之本然，而不使离于须臾之顷也。独者，人所不知而己所独知之地也。言幽暗之中，细微之事，迹虽未形而几则已动，人虽不知而己独知之，则是天下之事无有著见明显而过于此者。是以君子既常戒惧，而于此尤加谨焉，所以遏人欲于将萌，而不使其滋长于隐微之中，以至离道之远也。"

（朱熹，1992：2）

这里对"慎独"的解释，"以肯定人心自有一准则或良知，能判别何者是天理，何者是人欲为前提，如此，才能于几微之际、一念之发，即自知善恶而加克己复礼之功。强调'戒惧''敬畏'，正是心学工夫的要点。"（金春峰，2008：196-197）

安乐哲和郝大维认定《中庸》的作者子思与孟子之间的历史渊源，并把子思的老师曾子所代表的学派称为"思孟派"，他们坚持用心学的方法来诠释《中庸》也是为了突出儒学重视主体性的特点和儒家关于人可参赞天地化育之功的观点，即凡人通过坚持不懈地循"道"、修身可以成为"君子""贤人"甚至"圣人"，成为世人景仰的"天"。这样一来，就出现一些问题：安乐哲等人是否过度依仗以朱熹为代表的新儒家的注释而置其他的注解于不顾？他们又如何实现儒典意义的当下构建？不过，从安译《论语》《中庸》的译注里，我们不难发现译者对朱熹的取舍，完全依靠自己的判断，即便采纳，有时也会在注释里提供其他注家的见解，更不忘记发表自己的见解。

例如，在《论语的哲学诠释》中，有五处注释点明了译者翻译的根据，只有第53条表明译者采用了朱熹的注释，其他四条均是译者根据《定州论语》版本，参考他人的注解，再依靠自己的判断做出理解。否定他人的观点时，译者还在注释里特别做了说明。

在《中庸》文本的构成问题上，安乐哲、郝大维两人也综合了当代汉学家和哲学家的观点，提出了与朱熹和其他注家不同的见解。首先，他们赞同朱熹的说法，认为《中庸》是一个连贯的文本。之所以强调这一点，是为《中庸》主题的出场鸣锣开道。在《切中伦常：中庸的哲学翻译和解释》一书的前言中，他们解释说：

《中庸》从头至尾是对开篇中子思提出的问题的应答。首先是如何理解"天"对"性"和"道"的形成所施与的影响，其次是这一过程中"教"所起的作用（Ames & Hall，2001：26）。

　　接着，他们继续发挥说，《中庸》提倡"天人合一"这种互惠的发生关系，也提倡"场域"其中的"焦点"能和谐共处，《中庸》反对人由天定，人由环境决定，是宇宙事物中相对被动的参与者这一说法。他们认为"人心"通过有意识的行为，即通过"诚"，能使人与天、地形成三位一体。用他们的话来说："其实，《中庸》对其开篇提供的是一种具体的、历史的及实用性的解释。……人类经验的"礼节"化，具体表现在'礼'的定义包含了'礼'为个人内化并成为汉文化特征的过程；历史性表现在'礼节'只限于世俗的范围，是个人与亲族之间关系的体现，而不诉诸于任何超验的理想；它的实用性表现为'礼'试图把每个事件可能具备的创造性都优化到最大程度，使得人类独特的、富有创造力的生命与其生存的自然、社会和文化环境（天命）相和谐。"（同上：26-27）

　　以上说法最明显的特征是，两位译者特别强调了人成为宇宙间与天地并列的一大力量这一思想。因此，在他们的诠释中，"诚"不仅是朱熹所谓的"真诚无妄"这一表示道德的概念，更是天赋予人的"创造"的本性。《中庸》的主题就是通过人类品德实现"天道"和"人道"的持续的、富有成效的交汇融合。在此意义上，"天道"在很大程度上受到"人道"的影响。（同上，2001：27）

　　再看安乐哲、郝大维翻译《中庸》文本所采用的各家注疏的情况。译者虽十次提到了朱熹，但有三次把朱熹的观点作为另一种选择，仅有一次完全采纳了朱熹的注释，还有一次是部分采纳。例如，《中庸》译本的注释①中，译者解释了"中庸"这一标题译名的来由：郑玄把"庸"字解为"实践，指不偏不倚这种态度的日常实践"；朱熹把该词解为"平常的事务"；图为明的理解是"居中且平常"（同上：115-116）。译者中和了这三人的注解，聚焦"中庸"这一概念的实践、道德层面，把它译为 focusing the familiar，意为"切中伦常"。可见，安乐哲等人对朱熹欣赏却不盲从，采纳朱熹与自己见解相符合的观点，广采各家之言，及时吸收最新的学术成果，详加对比、分析，在此基础上作出自己的判断。

　　安乐哲等译者关注的是儒学的独特性，是它与西方哲学、宗教所区别的个性。也因此，他们在译本的注释中旁征博引其他中国古代典籍中的得"道"

之言，与原文本相互印证，相互阐发。短短一篇《论语》，译者仅在注释中就直接引用《孟子》《庄子》《荀子》《礼记》《左氏春秋》《诗经》《说文》等经典，最长的注释长达大半页，还要借助附录继续发挥，可谓在中国古典文献中左右逢源。

不过，译者也十分重视西方学者的相关研究，所引西方学者，文学家有Thoreau，哲学家有 John Dewey，Alfred. North Whitehead，语言学家 Noam Chomsky，Bernhard Karlgren，其他学者有 I. A. Richards，George Steiner 等，不一而足。更有甚者，译者们还拿西方思想做比较，指出其中一些与儒学的契合之处。例如，《中庸》第 9 条注释里，译者们把"莫见乎隐，莫显乎微"与美国哲学家约翰·杜威的 The visible is set in the invisible;and in the end the unseen decides what happens in the seen;the tangible rests precariously upon the untouched and ungrasped.（可见见于不见之中，不见最终决定可见之事；可感栖于不可感知、不可把握之中。笔者译）作比较。《中庸》里的"慎其独"教人在闲居独处之时也要戒慎恐惧，检点内心，遏人欲于将萌，不使违失本性。译者却把"独"理解为"一个人为繁荣社会服务所形成的各种具体关系之特殊性"（同上：118），还由此联想到英国哲学家怀特海（Whitehead）的一句话"Religion is what the individual does with his own solitariness."（同上）意为"宗教是以其独所行之事"，与以上译者们自己对"独"的理解发生了偏差。

安乐哲等人一贯坚持对比中西哲学的差异，为何在此他们一反常态，拿西方哲学的例子做比附呢？首先，中西文化除了差异之外，也有共同之处。譬如，西方诠释学、新实用主义、后现代主义、解构主义等都把依赖某种唯一性的系统哲学作为批判对象。在这一点上，它们与中国哲学有近似之处，而安乐哲认为，杜威的新实用主义、怀特海的过程哲学就是与中国哲学相互印证的例子。安乐哲在他的研究著作中曾多次引用杜威的观点证实中国哲学的实用性，引用怀特海的过程哲学说明人类的创造性和汉思维的过程性和关联性，引用的这两家恰好能增强自己对中国哲学、宗教解读的说服力；再者，安氏等人的译文是为普通读者所做，偶尔拿西方哲学来做比附，会减少读者对原文文化的陌生感，让他们产生"南学北学、道术未裂；东海西海、心理牧同"之感，更重要的意义在于，安氏等人的附会为当下的哲学中西对话，宗教领域的儒耶对话提供了更大的可能。因此，无论是在前言、导言还是注释中，译者都百虑一致，只要不违背他们对中国哲学的总体认识，他们就会采取灵活、多变的本土化策略处理原文内容，实现自己追求中西文化和谐共存的目的。

三、引用其他儒家经典，互文见义

伊塔玛·埃文—佐哈尔（Itam Even Zohar）的多元系统理论把翻译看成是社会文化多元系统中的一个元素，与该系统中其他的元素如政治、经济、文学等发生着联系。同样，一个文本也产生在一定的历史语境中，与该语境中出现的其他文本有着各种各样的联系。法国的朱利娅·克里斯蒂娃（J. Kristeva）提出了互文性这一概念。它指的是一种符号或几种符号系统在一种或几种符号系统中的转换。"互文"这一概念在杰拉尔·普林斯（Gerald Prince）《叙事学词典》的定义中显得更为清晰：一个确定的文本与它所引用、改写、吸收、扩展或在总体上加以改造的其他文本之间的关系，并且根据这种关系才能理解这个文本（转引自程锡麟，1996：72）。互文性理论强调的是文本结构的非确定性，认为任何文本都没有什么界限，任何文本都不可能脱离其他文本存在，每一个文本的意义产生了它跟其他文本的相互作用中。

儒家经典是具有鲜明的互文性特色的文本，比如《论语》和《中庸》等典籍常常引用和指涉《诗经》《尚书》《大学》等其他先秦经典，要真正理解一个文本，就必须考查它所引用、指涉的文本在其中的作用，还得考查与它在同一语境下产生的其他同类文本，这是任何一个认真、严肃的学者解读时不可逾越的阶段。

牟宗三（2005：SS）曾说："我们了解先秦儒家并不单单是了解某一个人，而是把先秦儒家当作一个全体来看，通过一个发展把他们连在一起来看。……我们要先看看《论语》里面有些什么观念，儒家是从孔子开始，以后孟子兴起……然后再看看《中庸》《易传》《大学》里面有些什么观念。要估量先秦儒家这个系统的内在本质，你要先对这五部书里面主要的观念有相当的了解，这才能做恰当的消化"。

引用是最重要、也是最常见的互文形式。关于它的功能，Morawski（1967）认为大体可以分为三种：其一，显示权威性，如法官宣判时引用法律条文，宗教场合引用宗教教义，又如人们说话写文章时引用名人语录，都是为了增强话语的权威性。其二，它可能是显示引用者博学广识，为了增强说服力而引经据典，但允许争论。其三，它也可能是装饰性的，即为了装潢门面、可有可无而不影响语篇实际内容的引语。（转引自朱永生，2005：114-115）

安乐哲和罗思文在《论语的哲学论释》的导言里专辟一个部分讨论原文与其他经典关系的问题。《论语》中多次引用记录了孔子之前文化传统的两种古籍：其一是《尚书》。安氏等认为《论语》之所以引用《尚书》是因为后者"有一些部分是君王对其继承人和臣子发布的命令。在这些具有道德、政治和宗教意义的劝诫中不断重申的主题，最终在儒家说教中得以发展完善。"（安乐哲，罗思文，2003：12）

除了尧、舜、禹外，《尚书》中还提到了其他一些人物。其中三个备受孔子推崇的是周朝的建立者：文王、文王之子武王以及武王之弟周公。安、罗二人在向读者解释过这些人为何受孔子景仰之后，特别把周公比作"古罗马的辛辛那提斯（Cincinnatus），回到自己的封国颐养天年。"（同上）译者再次运用了文化类比的方法，让中国古代的文化人物走近西方读者的世界。

在《中庸》的附录里，安乐哲和郝大维也用了好几页的篇幅来讨论《中庸》文本与它所引用文本的关系。在他们看来，《中庸》和《论语》《孟子》《荀子》一样，《诗经》是它所引用最多的先秦典籍。为了说明这些被引用的诗歌对于哲学文本的作用，译者们借鉴了 David Schaberg 对一些非经典的诗歌在战国和秦代演变过程的研究。Schaberg 认为，一首费解的，有时甚至是无法理解的诗歌是一种被编码的交流方式，只有把它放入某个具体的历史人物经历的事件中去才能真正理解。只有当歌者与听者心灵契合，诗歌才能表达出编码在其中的信息（转引自 Ames & Hall，2001：132）。

有种种理由可以说明用诗歌来增强论证的效果十分明显。其一，诗歌广泛传唱（诵）、家喻户晓，引用在哲学文本中具有很强的读者认同感和说服力。其二，这些没有作者的诗歌来源于人们的日常生活，如 Schaberg 描绘的那样，源于生活的诗歌本身就表现了一种无法遏制的真诚。人们吟诗颂歌时都会自然流露出真情实感。譬如，《诗经》中无论抒写孝子、忠臣之志向，还是旷男、怨女之情怀，都是至情流露，直写衷曲，绝无虚托伪饰、扭捏作态。通常说来，一首诗歌要么歌颂、赞美一种道德行为，要么对某种压迫忍无可忍地谴责与控诉。如果一个哲学文本中爆发出歌声，就是在充分利用读者的假想，认为唯独诗歌真诚、不会撒谎。因此，引用一首诗歌不仅是为了清楚论证一个观点，也试图让读者为它表达的真诚所打动。

利用诗歌，哲学著作能把文本中一些普通或抽象的主张带入实际生活中，并把它们放置于更具体的历史语境中，诗歌把论证推向高潮并赋予它感情色彩。这样，一首引用得恰倒好处的诗歌不仅能够有力地表达哲学家的主张，还能赋予其激情，在引用者结束一场争论或发表见解时会爆发出巨大的影响力，因此成为哲学家们结束讨论时喜用的手段。基于对哲学文本中诗歌作用的理解，译者们决定采用以诗译诗的方法再现诗歌的呼唤功能。

此外，安乐哲、郝大维两位译者还认为，《中庸》除了大量引用《诗经》外，还与《论语》《孟子》之间有直接的联系。例如，"中庸"这一模糊、隐晦的概念作为该书的标题，关于该词的讨论也占去了该书前十一段的大部分内容，其实，这一相当难懂的哲学术语在《论语》中即可找到。如《论语·雍也篇》的第 29 章：

子曰："中庸之为德也其至矣乎，民鲜久矣。"

《论语》中的这一段在《中庸》第 3 章中几乎一字不差地重复，这些事实都增强了两种文本互文关系的说服力。

《中庸》和《孟子》间的联系就更为复杂。例如，《中庸》里广为申发的一个最特别的，也是最具原创性的思想就是对"诚"这一概念的引申和详细阐发，该词的传统意义为"正直""真诚"，而《中庸》的作者则用此概念的新义来表达人类参与"宇宙创造"这样一个持续不断的过程。

安乐哲、郝大维又以"诚"为例。他们认为，儒家原典多用"诚"而非"成"来表示"宇宙创造"。《孟子》即是如此。《孟子》第 4 章中的一段引出了《中庸》的主题：在"创造"的过程中，只有圣人才能实现最有效的契合。《孟子》该段如是说：

"诚身有道，不明乎善，不诚其身矣。是故诚者天之道，思诚者人动道。至诚而不动者，未之有也。不诚未有能动者。"

试比较这一段与《中庸》第 20 章的一段：

"顺乎亲有道。反诸身不诚，不顺乎亲矣。诚身有道，不明乎善，不诚乎身矣。诚者天之道也，诚之者人之道也。"

其实，《中庸》第 21 至 26 章反复使用"诚"这一表述，似乎是孟子"诚"思想的引申发挥。

两个文本还有一处有趣的相似。《孟子》第 7 章说道：

尽其心也，知其性也。知其性。则知天。存其心，养其性，所以事天也。

《中庸》第 22 章出现了相似的词汇和句法结构，将相同的哲学观点扩展开来。如：

"唯天下至诚为能尽其性，能尽其性，则能尽人之性，能尽人之性，则能尽物性，能尽物之性，则可以赞天地之化育，可以赞天地之化育，则可以与天地参之矣。"

在最近出版的《孝经》英译本的前言中，罗思文和安乐哲也阐述了《论语》与《孝经》的互文关系。他们认为，在《论语》中，读者可瞥见孔子本人对待家人的态度。首先，《论语》有几处提到孔子如何教育自己的儿子鲤，也提到孔子愿把自己的女儿嫁给曾坐过监牢的公冶长，因为他相信这个年轻人的品行。或许，最能体现孔子个性的是他与自己最喜爱的学生及义子颜回的关系。例如，孔子自称与颜回一起成长，当颜回不幸英年早逝，孔子感觉痛心疾首，甚至捶胸顿足，痛哭流涕。孔子与其他弟子的关系也如同父子，能根据弟子们不同的性格，需要因材施教。

在译者们看来，《论语》和《孝经》最相似的地方在于它们都不专门制定一种个人该怎样生活的普遍公式，而是记录个人的生活——该人如何在与他人的关系中修养性情，如何生活得称心如意，成为他人景仰的"君子"。孔子的"道"其实就是他本人选择的生活方式。这样一来，每个人都在各自的家庭环境中成长，人性最基本的因素就是个人在家庭中的位置，而非单独的个人或抽象的家庭概念。对于孔子来说，每个人都是各自扮演的社会角色的总和，没有个体，没有"自我"和"灵魂"，个人生活的目标就是为己获得和谐与快乐，为他人扮演好各种角色，处理好各种关系。

安乐哲和郝大维、罗思文等译者从阐释者的角度自觉地运用互文性知识对文本进行理解和翻译，具体包括道出作者的未尽之意，将复杂的事情简单化，将暗示的意味明晰化，从具体细节中抽象出普遍意义和原则。他们有时使用假设，有时通过文本举例来论证《中庸》《论语》《孟子》《诗经》《孝经》等典籍的互文关系，目的还是进一步强调自己对儒学的见解，尤其是他们所认定的人的社会性、创造性，儒家社会中的角色伦理等等。

四、注释——理解译文的得力工具

安乐哲等译者翻译儒家经典，一律详加注释，注释常常达数百条，篇幅达几十页，主要有以下几个特点：第一，文字训释。原文中的关键词语、语法现象初次出现时均加以解释说明；第二，篇章主题。揭示各篇各章主题，便于读者整体把握；第三，注疏选译。既可以作为翻译的依据，又可以提供其他注家的观点供读者选择。译者广泛引用中外历代儒经注家、研究者的注疏，选择既有重点（如中国古代学者朱熹，当代学者唐君毅），也并未对其盲从，而是有取有舍。从《中庸》一书的注释来看，安乐哲等人更注重参考当代学者的观点，甚至关注海外学者（如日本学者Takeuchi Yoshio）的研究成果，因此可以说，安乐哲等人在广泛参考来自各个民族、各种不同背景的文化对儒家经典的论释之后，凭借自己的思考、判断和对中国文化的研究解读儒家经典。

第四种为文化背景的注释，将原文放回文本生成的历史、社会、文化的语境中还原其本来面目。原文中涉及的人物、地名、事件、习俗、制度均加以说明。第五种是参照引用。既解释了原文中引文的出处和意义，又引导了读者对多次出现的同一主题或表达法参照阅读，以达到互文见义，加深理解之目的。安乐哲等关注的是儒学的独特性，是它与西方道德价值观所区别的个性。因此，他们在译本的注释中旁征博引其他中国古代典籍中的片段，与译文相互印证，相互阐发。短短一篇《论语》，译者仅在注释中就直接引用《孟子》《庄子》《荀子》《礼记》《左氏春秋》《诗经》《说文》等文献。

在《中庸》译本的注释中，译者引用了《孟子》《淮南子》《论语》《大学》等经典来达到帮助读者加深对原文理解的目的。由此可见，回归历史文化语境、通过互文本的途径获得原文意义是当代译者挖掘典籍现代意义时不可逾越的阶段。要想为一部典籍提供令人信服的解读，就要通读、研究有关经典系列，而不能绕开文本随意做理论假设。

另一方面，译者身为西方学者，自然更熟悉西方学术文献。例如，他们参考的对比语言学理论几乎全是西方学者的成果。为此，本研究做了统计，仅《论语》一书中，安乐哲和罗思文就引用了 Thoreau，John DeFrancis，Bernhard Karlgren，David Keightley，Noam Chomsky，George Steiner，Yorick Wilks，Friedrich Nietzsche John King Fairbank 以及 IA. Richrds 等十多位西方学者，还不包括附录里出现的引用。译者还时常回到杜威和怀特海去征求认同，这再次说明，一位文化的观察者始终无法摆脱自己视野的局限，势必会在自己熟悉的知识领域寻找共同话语，当然，这也可视作译者为达到中西对话之目的的本土化策略。

此外，注释中还有大量的译者评论以及从对比语言学、比较哲学的角度对译文做出的解释，如《论语》注释的第一条说明，译者在翻译《学而篇》的第一章"学而时习之，不亦乐乎？"时，把"学""习"二字分别译成 study 和 learn。根据 Gilbert Ryle 的分类，英语词汇一类为"过程性动词"（task/process words）如 study achievement 等，一类是"达成性动词"（success words），如 learn 等。安氏等认为，这种词汇分类与他们对英语的实质性和汉语的过程性差别的认识相符，因此，翻译中须将这种差异通过不同的词汇体现出来。再如，译者把《论语·为政篇》第20章里的"举善而教不能，则勤。"译为 raise up those who are adept（shan 善）and instruct those who are not and the people will eager。在第39条注释里，译者解释道："以往'善'字被公式化地译为 good。但该词首先是一个表示关系的词，其次才是对人类本质的描写，这一点至关重要。它意味着"善于做什么"（good at），"对谁有好处"（good for）"与谁要好"（good with）"好去做某事"（good to）等，不一而足。因此，该词有好几种解释，如 adeptness，efficaciousness，competency。而在这章，"善"与"不能"构成的是对比。可见，安乐哲、罗思文做注释还是为一再重申他们对汉英语言"关联性"/"本质性"差别的哲学认识。

最后，译者还在注释里一再为自己的个性化翻译作出解释。现举一个例子，为突出儒家思想重道德、重修身的特色，译者在译文中几处特意创造了一个"道"的隐喻，粗心的读者或许不会发觉，注释 24，95 和 103 都在提醒读者注意其中隐喻。这就表明，译者试图通过注释来说服读者接受他们对《论语》的哲学解释。

安乐哲等人的注释包罗万象，对全面、深入地理解原文极为有利，也是译者阐发自己的对比哲学思想、翻译思想的有力工具。儒家经典言简意深，意义往往不在浅表。注释的好处，正在于阐幽发微，弥补翻译的不足。安氏等人的译注俨然一部英文注疏，为读者理解译文提供了极大的帮助，其功用远非单纯的翻译所能取代。

第八章 辨异观同——儒学关键词英译

中国思想典籍的西译，从 16 世纪末中、西交流之初起就已开始。但是，中国哲学思想的译介对欧美哲学的发展产生的影响却微乎其微，原因是多种多样的。一方面，西方哲学家们没能走出哲学研究的"西方中心"，以一种宽容的心态去接受新的哲学思维；另一方面，中国典籍的译者们也难脱其咎，他们在翻译中大量使用了西方哲学界耳熟能详的术语，因而让人误认为，"中国典籍只不过是西方思想家们在过去 2500 年中的研究工作的中国化表述。"（安乐哲，罗思文，2003：192）例如，十九世纪西方传教士对儒学做"神学化"的诠释，"把'天''道''命''上帝''怪人''小人'分别翻译成 Heaven，the way，Fate，God，Saint，sinner，把'造物主''灵魂''原罪''天国''来世'等基督耶稣的意象强加到中国文化里。"（杨平，2008：133）

20 世纪是西方汉学家翻译儒经的高潮时期。在这些世俗取向的新近翻译中，基督教思想成分表面上消失了，但欧洲思想背景的假设观念还常常存在。而且，由于译者的身份不同，知识背景和兴趣各异，翻译的目的不同，典籍的西译呈现出各种不同的样貌，其中从哲学的角度去研究并翻译原典的译作为数甚少。一些非哲学界的译者们未能廓清并尊重两种文化间的重要差异，结果是抽空了中国哲学词汇的丰富内涵，仅仅从字面上，甚至套用西方哲学话语中的词汇对它们作出解释。于是，中国典籍成了西方传统文化在中国的代言，而不具备任何文化意义，因此，对于西方读者来说，它们既毫无吸引力，也没有任何哲学价值。安乐哲、罗思文曾举例说明："当我们把'天'译为 Heaven 时，无论 H 是否大写，它都让西方读者联想到超越宇宙的造物主，以及精神、原罪和来世等观念。而把'命'理解为 fate（或者更糟糕的作 Fate），则为原词无端地添加了四个中国传统没有的观念——不可变更、困境、悲惨之状和目的论。将'仁'译作 benevolence，不但是在作心理分析，

而且也将原来用在社会学领域的词转而变为利他主义用语。"（安乐哲，罗思文，2003：192-193）

儒学的核心概念具有提纲挈领、一以贯之的作用，解释得当，则纲举目张，儒学的堂奥便不难窥见。不过，要做到翻译得当并非易事。首先，儒学关键词大多是含混、多义的，有时并不具备绝对的价值，意义需从语境中获取，即根据文本的具体现象来决定其意义。例如怎样才算"仁"？《论语》中孔子给出了六个不同答案。怎样做才算"义"举？也要根据不同情况来灵活裁断。不仅如此，有些核心术语的意义还历经了变化，不同时代的儒学大家可能赋予它们不同的涵义。例如"中庸"一词，在孔子看来，"中庸"是"不偏不倚""执用两端"；到了子思那里，"中庸"被赋予了形而上的意义。"中庸"即"中和"："中"就是"性"，是"喜怒哀乐之未发"（朱熹，1992：2）时的平衡状态；"和"是性的发现，是"发而皆中节"（同上），感情外发但不泛滥的和谐状态。种种现象，给儒学术语的翻译带来了诸多困难。

当代汉学家、文论家宇文所安（Stephen Owen）曾经这样评论过文学思想与文学术语的关系："……一种文学思想传统是由一套词语即'术语'（terms）构成的，这些词语有它们自己的悠久历史、复杂的回响（resonances）和影响力。这些语词不足以构成一个自足的意义载体的集合，它们不过是相互界定的系统的一部分，该系统随时间而演化并与人类其他活动领域的概念语汇相关。这些术语通过彼此间的关系而获得意义，每一术语在具体的理论文本中都有一个使用史，每一术语的功效都因其与文学文本中的具体现象的关系而不断被强化；不仅如此，每一术语都有一定的自由度，以容纳各种变形和千奇百怪的再定义。"（宇文所安，2003：2）中国哲学、文学术语的这些共同特征预示了，译者不能依赖现成的字典来决定一个关键术语的翻译，而需准确把握其核心内涵，在全面、深入理解原文的基础上灵活地使用多个译名。出于诠释的需要，译者甚至可以发挥自己的创造力，发掘译入语的表现力，以新的表现方式揭示其思想内涵。

其次，概念的模糊性是中国传统学术语言的一大特色，历代中国的思想界、学术界使用的大多是随感式、印象式和模糊性强的语汇。譬如曾被中国翻译理论界奉为圭臬的"信""达""雅""神似"和"化境"等，能允许数十种诠释。现代学者，无论中西方，经常为中文概念语汇的"模糊性"表示悲叹。甚至鲁迅亦认为"中国的文或话，法子实在太不精密了"，倡导从别国"窃火""来煮自己的肉"，来弥补中文的这一缺憾（转引自陈福康，2000：287，296）。其实，在中国传统中，模糊性并不视为缺点，"概念的准确性一向不被重视，所以也就没有人需要维持那种愉快的幻觉，认为确实存在一套准确的术语词汇"（宇文所安，2003：3）。因此，"仁""义""礼""天"等儒学术语承载着道德、礼仪、哲学、宗教等丰富的含义，从古到今，大多数中国人或许不能说出它们的确切意思，但只要它们一露面，就与人们像老朋友一般地亲近与熟悉，其间的多重含义和文化认同感不言而喻。但在跨文化交流中，英语文化中的读者却无法产生相同的文化认知心理，他们期待的仍然是一个意义准确、稳定的概念。为了满足读者的此番期待，译者就需认真地研究、比较英汉两种语言和文化，充分利用英语中的多义词，甚至是内涵较丰富的短语来表现中国术语的模糊、多义性，也就是说，要拉伸、扩展英文，而不是寻找一个貌似对等，意义却相对贫乏的词汇。

再者，外来语的翻译大多经历过一个相似的过程：从音译到意译再到音译。如果从跨文化交流的角度去看待这三个阶段，几个阶段的意义大不相同。起初的音译代表的是"再现"，即为了真实地呈现出另一事物的形象或相似性，翻译以一种强制的手段，把一种文化专有的概念强塞进另一种文化。音译词可以使词义最大限度地接近原词，但是意义的获得、定型需要较长的时间。外来词汇的意义必须公诸于人，第二阶段的意译可视为"传递"。英语词汇 philosophy 的中译名从音译"斐洛苏菲"到意译"哲学"，使用者需要对概念的内容做进一步了解，就要求名词的形式和内容发生关联。第三阶段的音译与起初的音译完全不同，它是一个"吸收"的过程，外来词语的翻译基本采取音译的方法，这意味着它们已完全为读者接受，成为译入语文化的一部分。

中国思想语汇的翻译过程则有所不同。早期西方传教士与20世纪上半期西方汉学家大多采用意译，即施莱尔马赫所谓的"让原作者贴近读者"的做法，其中不乏大量套用的西方术语。宇文所安（2003：14）称这种途径："让本来大不相同的东西看起来相当熟悉，一点不别扭"。不过，他并不赞同这种做法，认为"对于思想文本，尤其是来自中国的思想文本，翻译的优雅往往表明它对译文读者的概念习惯做了大幅度让步"（同上）。这样一来，"在中文里原本深刻和精确的观点，一经译成英文，就成了支离破碎的泛泛之谈"（同上）。经历了一段相当长的意译或套用（adaptation）的过程之后，译者们开始使用音译加注释的方法。这一变化一方面说明，中国文化中一些特有的因子确实难以找到较为对应的英语语词表达法，另一方面也说明，翻译者对于这些词语所浓缩的中国传统涵义的复杂和丰富性有了新的认识，并给予了相当的尊重。

不过，音译加注释的方法虽然能在很大程度上保留中国术语的文化特质，但过多的注释会影响译文的可读性，译文离开注释会相当费解。音译加注的缺点也因此遭到许多学者的批评。彼得·纽马克（Peter Newmark）曾说过"翻译就是解释，意义必须在译文中自明，而非仰仗一长串的注释"（Newmark，2001a：53）。宇文所安（2003：14）虽说过"那些优雅的译文""唯一的补救之策就是注释"，但随后又指出："注释必须节制，过多的注释会使文本滑入一片繁复的乱章。某些注释和解说孤立地看可能十分有趣，可加在一起就会把文本及其对文本的讨论彻底淹没"（同上）。由于思想概念的抽象与复杂以及词汇承载的特定历史文化内涵，非专业读者很难从一个词汇的音译中去了解其背后深刻、多重的意义。在哲学翻译的起初阶段，音译并非是解决关键词翻译的理想途径。

安乐哲及合作者主要采用了三种方法来翻译中国思想术语。第一种方法是创造性阐释，包括两条途径，其一是创造性理解和翻译。译者不满一些词汇的传统诠释，在大量阅读儒学典籍的基础上对孔子哲学产生了新的理解，并做了大胆的理论预设，以此作为重译的基础，在英语中寻找一个最能体现该预设的译名。例如，authoritativeness作为"仁"的译名就是译者们个性化解读的产物。再一条途径是，译者通过创造一个新的英文词汇，来尽可能多地展现原文词汇的几种内涵。例如：heart-and-mind 和 non-coercive action 等。"这种方法有时会带来罗嗦冗长、令人困惑不解的新词；有时却会收到意想不到的表达效果。读者可以创造性地发挥想象力来理解新词；而这些新词也可能带来某种新奇的意义混合。"（安乐哲，罗思文，2003：194）

第二种方法是一词多译，即根据具体语境去理解词义再决定译名。例如，"神"有时译作 human spirituality，有时译为 divinity；"中庸"有时作 focus the familiar 有时译为 equilibrium。

第三种方法指的是，在每个译本中，译者都选择了在原文中高频率出现的一些具有重要哲学意义的关键词予以注解，放在译本导言中醒目的位置，而正文中只用音译和汉字。此法对读者提出了更高的要求，却极大地减少了译文和评注中出现的问题的数量。

还需补充说明的是，此章主要讨论安氏等人《论语》和《中庸》英译本的儒学关键词英译，也夹杂个别道学术语，如"无为"和"无不为"（出现在安乐哲和刘殿爵《原道》英译本中的英译。

第一节 儒学术语的创造性阐释和英译

儒家典籍是孔子及后人思想精华的荟萃，其中蕴涵了丰富的哲学、伦理思想，与传统的西方哲学观念形成鲜明的对比。以往的儒学典籍译者或蓄意歪曲，或无意识到这些重要的文化差别，搬用了英语中貌似对等的词汇，甚至套用了西方哲学或基督教神学中一些现成的术语，安乐哲与合译者极力反对这些做法，他们以哲学研究的视角去解读隐藏在词汇背后的真义，发掘其中的哲学价值。

一、追寻词汇真义

"义"是《论语》中的核心概念。理雅各在《四书》（汉英对照）（1992）的《论语》英译里把它译为 right，在刘殿爵的《论语》英译本（2008）中，"义"字的译法并不统一。有时作 right，有时为 duty，偶尔也译作 morality，个别情况下还作 moral 来解。但是以上译者均未从词汇与它所属文化的关系去考虑该词的意义。如果把孔子看作一位西方的道德哲学家，或许 morality 是"义"一词在英语中的最佳对等。但是，罗思文、安乐哲认为，在英语中，尤其在后康德伦理学中，morality freedom liberty，choice ought individual reason autonomy dilemma objective subjectivity 等词的联系非常紧密，因为西方文明中，"个人至上"的观念备受推崇。尽管人们都认为人是社会的产物，在很大程度上是由相互关系的他人形成的，却不把人的社会性看作是人类的本质属性，或是人类的重要价值。相反，在西方观念中，给予人类原初的价值、尊严、完整以及统领所有这些特征的是人类的自主性，它是一种所有个体都具备的潜能。一旦认为"自主"是人类的基本特征，其他一些相关概念也自然内在其中。比方说，如果个人是"自主"的，他就一定是"理性"的，或者说，他就一定能够抗拒本能或条件的刺激。动物无法做到这一点，因此就不是"自主"的。而且，人类必须享受"自由"。"自主""理性""自由"这些作为最基本的人类品质都在道德概念所属之下，任何一种遏止个人理性、自由和自主的企图，都要受到道德的怀疑。

对于儒家来说，他们追求的不是普遍意义的道德，而是关注特殊的道德。他们看到的不是抽象的、自主的个人，而是处于众多与他人联系的人，扮演不同角色的人。他们关注的不是目的或结果，而是人们所处关系的结果。因此，在谈论道德时，儒家往往设想这样一些情境，即如何设身处地为别人着想（恕），下决心尽力（忠），根据环境条件采取最适当的行为（义）等。因此，罗思文和安乐哲创造了"角色伦理"（role ethics）（Rosemont & Ames，2009：38）这一概念来描述儒家的伦理特征。可是，古汉语中没有一个关于西方道德的词汇场，无法找到上述英文有关道德词汇的一一对等。"在儒家思想中，'义''礼''仁''信'等儒家特有的道德概念密不可分。这样一来，morality 这个译法就并不可信"。（Ames & Rosemont，1998：54-55）

在古汉语里，"义"和另外两个字相通。《说文解字》中，"义"意为"己之威仪也。从我、羊"。"义"从"我"，意味着"义"是面向"我"的某种指示。"义"即是"仪式"，古代祭祀等场合所使用的活动规范。"义"也是礼仪，符合"礼"，尤其是孔子当时所普遍认可的周代之礼即为"义"（沈顺福，2005：118）。"义"字还与"宜"和"谊"相通。郑玄在《周礼》注中解释道："古者书仪但为义，今时所谓义为宜"（转引自沈顺福，2005：118-119）。

由此看来，"义"既有"仪式"的含义，又有"适宜"的含义。"义"通"仪"说明"义"与礼仪有关。在周代，符合礼仪的行为举止才能称为"义"。所以，"义"符合礼仪，或者说"义"以礼仪为标准。到了汉代，"义"为"适宜"。董仲舒称："正其谊不谋其利，明其道不计其功"（《汉书·董仲舒传》）。"义"即"宜""谊"，取"合适"之义。"合适，我们又可以称之为合理。合理意味着与实际的吻合与贴切，合乎规定，合乎情理，恰到好处，是行为的内在节制机制。"（沈顺福，2005：118-119）

当代学者大多取"义"的后一种意思。例如，在《仁·人道：孔子的哲学思想》一书中，马振铎就用"适宜"来诠释《论语》中的"义"。在他看来，孔子认为勇敢是一种良好的品格，认为"勇"是构成君子人格的要素之一："君子道者三……仁者不忧，智者不惑，勇者不惧"（《宪问篇》）。

但孔子又认为："君子有勇而无义为乱"（《阳货篇》）。也就是说，"只有受义节制的勇才是善，否则，勇不仅不是善，反而是一种危害性极大的恶。"（马振铎，1993：89-90）

再如，"直"也是孔子称许的品格。"直哉史鱼，邦有道如矢，邦无道如矢"（《卫灵公篇》）。但他所赞许的"直"必须是受"义"节制的"直"，象叶公所称赞的儿子告发父亲偷羊的"直"，也许在政治、法律上有价值；但从道德上说，孔子就认为不"直"，因为这种"直"违背了"义"。

为找到"义"在英语中合适的译名，安乐哲和罗思文还是力图从古汉语会意字找到诠释该词的突破口。他们发现，"义"的字形是"羊"字迭放在第一人称代词"我"之上。关于"我"的几种早期写法以及《说文解字》中的诠释，"我"的字形是一只持戈的人手。而羊则是定期举行的礼仪活动中使用的牺牲。因此，译者对"义"的理解为"某人对礼仪中用作牺牲的羔羊的态度和看法"（Ames & Rosemont，1998：54）。献祭的动物应当是洁净无暇、合适可用，那么用 appropriate 和 fitting 就更加接近中文"义"的原意。也就是说，"义"是人对适中的感觉和把握。这种感觉使人在即定的特殊环境下，能够从容恰当地应对。

本研究认为，安乐哲、罗思文对"义"字的诠释并无太多独到见解，所取的仍然是"仪式""礼仪"和"适宜"几种意思。不过，他们的解字途径值得注意。根据安乐哲、罗思文的统计，"现代汉语中只有百分之十左右的字是象形字或会意字，其他百分之九十都是形声字。但《论语》等哲学典籍所用的汉字，具有重要哲学意义的不是象形字就是会意字"（Ames & Rosemont，1998：294）。他们认为，文言这种表意文字不能被表音文字代替，也就是说，哲学文本汉译英时表示关键词的汉字是无法用拼音文字替代。因此，在安乐哲等人的儒学典籍英译文中，译者同时用英文释义、汉字和拼音来表示每一个儒学关键词，从某一繁体字的结构入手找到训诂该字的切入点是安氏等常用的解字途径。

译者们选择的"义"字的英文对应尤其可圈可点。为突出儒家提倡的实践道德与西方崇尚的理性道德之不同，他们选择了 appropriate 这样一个非西方道德的概念，它并非事先预设了哪种行为是"道德"或"非道德"的，而是认为"义"就是在具体情况下选择"适当""合适"的做法。它减少了 right、morality 等一些西方道德范畴的内在规定性，突显的是儒家为人处世所提倡的"恰到好处"的"中庸"之道。

根据《说文解字》，"礼，履也。所以事神致福也"。以同韵部的"履"字来解释"礼"，意为"开拓道路：实行，做"，即"如何殷荐神灵以求多福"。又曰"从示从豊，豊亦声"。篆文和繁体的"礼"由"示"和"豊"构成。"豊"字在《说文解字》中的解释为"豆之豊满者也"，表示豆中盛满食品，整个字的意思是用丰盛的食品表示内心的感情。

"礼"在甲骨文中"作二玉在器之形"，用于祭祀场合。"礼"是人们在饮食与祭祀时所举行的一些仪式。随后，"礼"与战争成为"国之大事"（《礼记·礼运》），"礼"由一般的宗教活动渗透到社会生活的各个方面，成为人伦规范的形式。

"礼"即礼仪，表现为在某种场合所要求的仪式与规格以及各种社会等级的人们各自的行为举止。在中国悠久的历史上，人类很早就开始践行"礼"，如《论语》中提到的"夏礼"和"殷礼"和"周礼"。

"礼仪"有君臣上下、尊卑长幼、高低贵贱的等级区别。孔子虽强调人应当"仁爱"，人格平等，但在地位等级上则强调不平等。这一点在《论语·八佾篇》中就有体现。"'佾'是古代舞蹈奏乐的行列。一行叫一佾，八佾是八行。周礼规定，天子祭祖庙的乐舞用八佾；诸侯用六佾，大夫用四佾"（安德义，2007：54）。孔子斥责季平子用八佾祭家庙的越礼行为，"八佾舞于厅，是可忍也，孰不可忍也！"就是对等级礼制的一个生动写照。

"礼"由最初的"仪式""形式"逐渐成为人伦的基本。《论语·季氏篇》写道：孔子的儿子鲤在孔子面前快步走过，孔子问他："学诗了么？"鲤回答说，"还没有。"孔子说，"不学《诗》，就不会说话。"于是鲤退回去学《诗》。过了一些日子，鲤又来到孔子面前，孔子问他："学《礼》了吗？"鲤回答说，"没有。"孔子说，"不学《礼》就没办法立身啊。"由此可见，孔子将知《诗》达《礼》作为人的基本。"所谓立身之本，即'礼'这类文化形式是人类存在的最基本的事实之一。"（沈顺福，2005：175-176）

根据安乐哲和罗思文在《论语的哲学诠释》中的说法，"礼"在英文中通常被译作 ritual，rites，ceremony，customs，etiquette，propriety，morals，rules of proper behavior 和 worship（Ames & Rosemont，1998：51）。理雅各用的是 ceremony，刘殿爵则用 rites。在特定的语境下，上面列举的每一种"礼"的英译都能表达出它的某一种含义。但在安乐哲和罗思文看来，文言文中的"礼"在每一次使用的时候，同时承载着它所有的义项（Ames & Rosemont，1998：52），也就是说"礼"是一个不折不扣的多义词。

在两位译者看来，"'礼'是被赋予了种种隐喻的角色、关系和制度，它的范围相当广泛，包罗了所有的礼仪——从宴饮酬唱到问候、告别、加冠和婚丧嫁娶；从表示敬服的各种肢体语言到庄严的祖先祭祀。'礼'也是在家庭、团体和政治结构中划定每个成员位置和地位的人文建构；是代代相传的生命形式。它帮助年轻人掌握永恒的价值，确定各自的位置。"（安乐哲，罗思文，2003：52）

在中国文化传统中，"礼"就像"仁"那样，是大众非常熟悉的，属于日常的范畴。但在英文中，ritual，rites，rules of proper behavior 这些词大多用作贬义，来讽喻虚伪的行为，没有风俗习惯之意。"礼"是一个涵义很广的概念，以 ceremony 或 ritual 翻译它，都不足以表达它的内涵。ritual 通常表示"老习惯""老规矩""例行公事"，感情色彩大致相当于"空洞"和"虚伪"。而 ceremony 如果用在 It's only a ceremony. 这样的句子里，联想意义和 ritual 差不多。然而儒家的"礼"决不是空洞、虚伪的，它内涵丰富、意义深远，也难以翻译。如果西方人通过英文 ritual 来理解"礼"，就会把它理解为虚伪而缺乏诚信。中国各思想流派间的争论，例如道家批评儒家，也是指责儒家"礼"节的虚伪性。如此一来，"礼"不仅失去了它的各种抽象意指，连基本的情感色彩都要发生改变。

经过一番慎重的推敲和选择，安、罗两位译者把"礼"译作 observing ritual propriety。考虑到"礼"在中国传统文化中的涵义与 ritual 等词在英文中给人的联想截然不同，他们决定使用一个动名词组，来表示"礼"这一词在中国文化中作为"生活方式""行为方式"的内涵。他们认为，在中国传统社会中，"生活是一种必须对细节付诸极大关注的表演。最为重要的是，由'礼'构成的表演始于对个人修养过程的深刻理解，即人们只有遵循一定角色和行为所限定的各种规则，才能够涵养性情，提高自身的修养行为。"（安乐哲，罗思文，2003：53）例如，《论语·乡党篇》记载的是孔子饮食起居、坐卧行走时所行的各项日常礼仪，有言语之礼、傧相之礼、朝会之礼、服饰之礼、祭祀饮食之礼、乡人会合之礼、受赐之礼、行走之礼，一个"礼"字贯穿全篇，生动刻画了孔子依"礼"而行的生活方式和个人修养。

另一方面，他们在考虑如何用英文表达该词的确切含义时，联想到一个拉丁文词汇 proprius。该词的意义为"使某物为己有"（making something one's own）与英文的 property 的词义相近。这种意韵启发了译者在翻译《论语》的过程中采用了一系列以英文词语 property 为词根的译名，比如"义"不再译作 righteousness 而是 appropriateness；"正"字也不再译作 rectification 或 correct conduct，而是译作 proper conduct；至于"政"字，译者认为它所指的不是 government，而是 governing properly C Ames & Rosemont，1998：51-52）。通过这些译名，译者们在翻译中传神地表现了一系列儒家哲学词汇所隐含的"主动参与"之意。安氏等译者的做法耐人寻味。为让读者了解"礼"在中国文化中的特殊含义，他们并未借助一大串的注释，而是充分发挥自己创造力和英语的表现力，启动英语读者的联想，运用拉丁语和英语中的同源词之间的联想巧妙地把"礼"字所包含的"参与"这一含义放进了它的英译名中。这一做法显示了译者的原文、读者的双重视角，也就是说，在跨文化翻译中并未把外来文化中的东西强塞给另一种文化的读者，而是通过在表达中启用读者易接受的方式来做到文化传真，确为用心良苦。纽马克认为"翻译就是解释，意义必须在译文中自明，而非仰仗一长串的注释"（Newmark，2001a：53），说的也就是这种翻译。

"德"字在《说文解字》中的解释为："升也"，意为个人品性的最高境界。"德"最常见的英文译法是 virtue 或 power。理雅各和刘殿爵的译文均为 virtue，但安乐哲、罗思文认为 virtue 很容易让西方读者联想到亚里士多德的"德性伦理"（virtue ethics）。另一个译名 power 通常带有"强制"的意味，这并不符合孔子以"德制"与"法制"结合来治理社会的主张。其实，孔子是反对以强制作为治理社会的工具，这种主张在《论语·为政篇》中得以声明。"子曰'道之以正，齐之以刑，民免而无耻；道之以德，齐之以礼，有耻且格'"。在孔子看来，"德治"高于"法治"，为政者首先想到的应是"为政以德"，而不是"为政以法"。在"德"与"法"的关系上，应是"德"先"法"后，因为"法"只是对"不德"之人起惩戒作用。

安乐哲、罗思文把"德"译为 excellence，有时也译成名词词组 consummate excellence，它们既可表示人的品性，也可表示人的行为，意为在实现自我的过程中卓而不凡。笔者认为，译者对"德"这一术语的解释和翻译注重的是它的关联性意义。按照古代汉字训诂的规则，"德"与"得"相通，所谓"外得于人"就是能够"以善德施之于他人，使众人各得其益"；而"内得于己"则是能够"以善念存诸心中，使身心互得其益"。安乐哲、罗思文译文中的 excellence（德）意在传达儒家君子"以善念存诸心中"的品性和"以善德施之他人"的行为。

"忠"是尽心竭力，它表现在多方面："'居之不倦，行之以忠'，表现为敬业之忠；'臣事君以忠'，对上级、对领导、对君王尽心竭力，表现为忠君之忠；'以道事君，不可则止'，从道不从君，表现为忠道之忠"（安德义，2007：7）。

"忠"常被译作 faithful，loyalty，笔者认为，导致这样翻译的原因是译者们没有注意到"忠"和"恕"这两个词常常在一起使用所产生的搭配意义，如《论语·里仁篇》的"夫子之道，忠恕而已矣"。两个词一并出现，相互定义，体现了古汉语的关联性特征。我们不妨这样解释，一旦某人待人做事尽心竭力（忠），人们也就设身处地地为他着想了（恕）。安乐哲和罗思文使用了 do one's utmost 作为"忠"字的译名。

"信"这一词在《论语》中出现的频率也相当高，共有 32 次。《说文解字》把"信"解释为："信，诚也，从人，从言"。"信"即仁爱之心，表现在对朋友的友爱。友爱的基础即诚信，"信"是维护人与人之间关系的重要纽带，"人而无信，不知其可也。大车无，小车无，其何以行之哉？"（《论语·为政篇》）"信"还表现在一个人的言辞之中。"言忠信，行笃敬，虽蛮貊之邦行矣。言不忠信，行不笃敬，虽州里，行乎哉？"（《论语·卫灵公篇》）即说话、做事要讲信用。

"信"一般解释为"守信、讲信用",在理雅各的《论语》译本里,它是 sincerity sincere,而刘殿爵则用 trustworthy 来翻译这一词。

作为母语使用者,安乐哲、罗思文认为 sincerity 具有单方面的意向,trustworthy 一词的言下之意是:"某人的言行还不够好,必须经高人指点才能完成工作,达到预期的目标"(安乐哲,罗思文,2003:54),因而带有内在规定性。

安乐哲、罗思文坚持从关联性的角度来理解该词。在他们看来,儒家观念中的"关系"指的是事物的内在的本质属性,也就是相互包含、相互影响的关系,触及一者,另一者必定会有反应。因此二人认为,"'信'字从两个方向描述了人们信守诺言的情况:既有施恩者承担的守信的责任,也有受益者心怀的信任。'信'字阐述了一种双向的、完美的信任关系,而且,'信'表示的是对他人的态度,而非对个人品质的内在规定"(同上),因此,两人把"信"译为 making good on one's word,既有别于 sincerity 一词的单向性,也不带有 trustworthy 一词的隐含之意。

《说文解字》曰:"知,词也,从口,从矢。"在中国哲学中,"知"和"行"的关系非常密切。荀子曾论述了"知"与"行"的关系,指出了"行"在认识中的重要性。荀子把学习看做是知识的一个重要来源,十分重视在学习中积累知识。同时,他又重视实行,把"行"看作是学习的目的,强调要学以致用。他反对那种"入乎耳,出乎口"(《荀子·劝学篇》),不能身体力行的学习,主张学习要"入乎耳,著乎心,布乎四体,形乎动静"(《荀子·劝学篇》)。也就是要把学到的知识,潜移默化于内心,实际运用于待人处世。

荀子还把"行"看作是学习的目的和认识的归宿。他说:"不闻不若闻之,闻之不若见之,见之不若知之,知之不若行之;学至于行之而止矣"(《荀子·儒效篇》)。这一段话概括了一个具体的认知过程,即由闻见到知再到行的过程,同时又说明了"知"高于闻、见,而"行"又高于"知"。

"知"或"智"的几种常见的英译是 knowledge wisdom 和 to know。安乐哲、罗思文认为,这些译法在强调了"知"的重要认识论的同时,也阻碍了人们对这一概念的全面理解。基于对儒家"知行合一"思想的考虑,他们用 realize 来翻译"知"，因为在他们看来，英文中，to realize 与 to know 和 knowledge 一样，都含有强烈的知识的意味。此外，这种译法也向读者表明了汉语"知"字表述行为及其后果的内涵。realize 这一词强调了古汉语中"知"字蕴涵的"思维"之意，"恰好填平了英语中'知识'与'智慧'二者的鸿沟"（Ames & Rosemont1998：55）。译者运用 realize 的两种含义："领会"（become aware）和"使之成为现实"（make something real），巧妙地把"知识"和"行为"联系起来，与中国传统哲学的"知行合一"观达成默契，也截断了中国哲学中的"知"与 moral 和 knowledge 等西方哲学概念之间的联想。

　　在西方传统中，心与物、理智与情感之间的区别是关于"心"的哲学的中心问题。西方二元论把"心"视为具体化的肉体的存在，它是产生情感的器官，通常译做 heart，却无法上升为理智（mind）。在西方传统中，道德的完美是通过理智与情感的内在斗争实现的。

　　以莎士比亚剧中人物哈姆雷特的独白为例"…to be，or not to be——that is the question…"就是主人公陷入两难境地，内心理智与情感急剧争斗的生动写照：为了活命，若不采取行动，恐怕难以维持。但父仇不报，活着又有什么意义？苟且地活着，只能忍受痛苦。但是另一种选择，不行动的选择，也只能坐以待毙，或者说行动也会造成毁灭，不该轻举妄动。而在中国古代，"心"首先具有思考和感觉的作用，由此衍生成为思维的场所，成为和其他感觉一样的"官"。然而，相对于其他感官，"心"的优势在于能够思考和反省：

　　耳目之官不思，而蔽于物，物交物，则引之而无矣。心之官则思，思则得之，不思则不得也。

（《孟子·告子》）

　　在"心"这样一个兼备感觉和思考功能的场所，思想和感情之间相互渗透，这使得思维不再是一项毫无感情投入的活动，而是包括了各种情感体验和价值判断。安乐哲认为，在中国传统中，情感和思维不可分割还有另一层含义，那就是大部分的中国思想所具有的实践倾向，其中有情感的介入是很自然的事。他举例说，"当孔子说'吾十有五而志于学'的时候，是指自己

承担起实践的义务,而'志'正是为这项实践投入的情感。"(安乐哲,2006:104-105)

著名汉学家谢和耐(Jacques Gernet)就反对中国人的经验中存在着"心与身"和"理智与经验"的区分,在《中国和基督教的冲击:文化的冲突》一书中,他说:

中国人并不仅仅反对灵魂与肉体之间存在着真实的对立,在他们看来,所有的精神性的存在都注定迟早会消失;他们也反对感觉与理智之间存在着最初差别。中国人从来不相信有至高无上而独立的理智的存在。对于基督教来说,灵魂是一个最基本不过的概念。灵魂拥有理智,能够有能力自由地行善或恶。这种观念对于中国人来说却是陌生的。

(Gernet,1985:242)

根据上述理由,安、罗两位译者把"心"创译为 heart-and-mind,这个新造的合成词不断提醒读者:对于中国文化来说,"心"是掌管"思想与感情"的器官,各种经验也都产生并汇集于心。由于"心"是思维和判断的场所,因此心智必须也成为其属性的一部分。"将头脑与心情割裂,将认知与情感相分立,就等于进入西方唯理性观念背景下的形而上学的领域"(安乐哲,罗思文,2003:57)。

"自然无为"是道家的老生常谈。"无为可以说是直接针对人自身的行为方式而提出的,而自然除了是对人的要求,还要求人对外物采取'让(它)自然'的态度外,还包含着对外物的理解,这种理解强调天地万物都有自身的属性,人类必须尊重自然的这些属性,否则就会受到自然的惩罚"(陈静,2004:186-187)。

"无为而无不为"的说法出自《老子》,随后也像"自然无为"一样,成了道家的经典表述。但是如何理解并用英语表述这句话却成了问题。一般的解释把"无为"说成是"不做什么",用 doing nothing 来翻译"无为",以 leaving nothing undone 来翻译"无不为"。Leaving nothing undone 的意思是"没有什么未完成",换成正面的说法就是一切都做了。这样,从字面上看,"无为而无不为"这句话就显得自相矛盾了。要使这句字面上看起来自相矛盾的话显示出内在的逻辑,还需要进一步解释。只有通过新的解释,才能在一个新的意义上使"无为"与"无不为"相互贯通。

按照《淮南子·原道训》，所谓无为者，不先物为也，所谓无不为者，因物之所以为也。所谓无治者，不易自然也，所谓无不治者，因物之相然也。

"无为"并不是什么都不做，而是"不先物为"，也就是说要等到外物的情状表现出来之后，再顺从它的情状而动。"无不为"的意思是"因物之所以为"，也就是顺应外物自身的情状而作为。这样，在《淮南子》的解释下，"不先物为"和"因物之所以为"就成了一回事，"无为"和"无不为"也就融会贯通了。

刘殿爵和安乐哲对"无为"有一番颇具个性的见解。在他们看来，道家典籍常把"道"比作"水"，原因就在于"水"具有"不先物为"而又"无不为"的作用。表面看来，"水"虽然不特意去"做"任何事情，但它的出现使得万物有了生机。在道家传统中，圣人的作用就好比水，能因环境而造势。从另一角度来说，一定环境中的每一位参与者都应保持自身的完整，同时又毫无保留地把自己全身心地贡献给所属的关系纽带。要达到这种境界，各位参与者就必须采取相互尊重的态度，不应干涉他人（Lau & Ames，1998：18）。

刘殿爵、安乐哲用 non-coercive action 和 non-assertive action 来翻译"无为"（Lau & Ames，1998：18）。Coerce 一词的意思是"强制或胁迫某人做某事"，其反义词 non-coercive 则取"不强制""不勉强"之意，相当于汉语的"因"；assertive 一词表示"坚定自信的""坚决主张的"，其反义词 non-assertive 也有"随（他人）意""顺应"（他物的自然趋势）的意思。这样，non-coercive action 和 non-assertive action 都可指人对自然采取的随其意的态度和行为，强调人应当尊重自然、顺应自然的发展规律。两个词汇不仅体现了译者对道家"无为"思想较全面的理解，更有新意的是，译者运用 non 这一表示反义词的前缀，派生出 non-coercive 和 non-assertive 两个新词，避免了 doing nothing 和 leaving nothing undone 的内在矛盾。

"天命"是中国哲学的重要概念。在中国古代，不同时代，"天"的内涵、天"命"与人的联系方式和内容都有所不同，时间跨度越大，差别也越大。"殷、周时期，'天命'是一个宗教有神论概念。当时，'天'被人视作具有最高神性、主宰人世间一切，包括个人遭遇和国家兴衰、社会治乱之上神，故天亦被称作'上帝'。"（马振铎，1993：195-196）

及至春秋战国，社会动荡，"天"的神性受到质疑，诸子借助对"天"的重新解释各自立说，在中国实现了"哲学的突破"。就儒家而言，《论语》中的"天"尚有神性义的痕迹，但孔子所言之"天"，很多时候是指自然或者命运。

《论语》中记载表明，孔子思想中保留着殷、周时期"天"主宰个人遭遇和人世治乱盛衰的观念。孔子认为，凡是人自己无法掌握的命运，都是由"天"主宰的。如：

伯牛有疾，子问之，自执其手，曰："亡之，命矣夫！斯人也而有斯疾也！斯人也而有斯疾也"！（《雍也篇》）

颜渊死。子曰："噫！天丧予！天丧予"！（《先进篇》）

但孔子天命观中真正值得重视的不是他对殷、周宗教有神论天命观的继承，而是他为"天命"概念注入了新的内涵。首先，他把殷、周时期人们观念中虽无人身但却具有人的品格（包括知、情、意）的"天"，向非人格化的道路上推进了一步。《论语·阳货篇》载：

子曰："天何言哉？四时行焉，百物生焉，天何言哉？"

孔子在这里没有否定"天"有意志，但"天意"不是直接表达出来的，而是通过自然界的运行变化反映出来的。这就是具有自然神论意味的"天意"。《论语·子罕篇》中有：

大宰问于子贡曰："夫子圣者与？何其多能也？"子贡曰："固天纵之将圣，又多能也。"（《子罕篇》）

仪封人请见，出曰："二三子，何患于丧乎？天下之无道也久矣，天将以夫子为木铎。"（《八佾篇》）

这一意义的"天命"，也就是孟子所谓的"天将降大任于斯人也"。由此可见，"孔子虽认为在'主宰'意义上的'天命'面前，人没有发挥主观能动性的可能；但按照'赋予'意义上的天命观，人具有极大的主观能动性，而且必须发挥自己的主动性才可实现自己天赋之德和天赋使命"（马振铎，1993：199-212）

孔子以后，"天"的神性义更趋淡化，其自然义与（道德）形上义得以突出。儒家的重要典籍《中庸》开宗明义提出"天命谓之性"，郑玄、朱熹与毛奇龄三家的注释分别如下：

"天本无体，亦无言语之命，但人感自然而生，有贤愚吉凶，若天之付命遣使之然，故云'天命'。"

"天化生万物，气以成形，而理亦赋焉，犹命令也。"（朱熹：1992：2）又说："以其流行而付与万物者谓之命。"（《朱子语类》卷第六十二）

"人物之生，皆感天气，而人独享天心与天德，而受以为质。所谓天命者，命以是矣。"（毛奇龄，1997：86）

这三种解释都没有对"天"作明确界定，但其中的宇宙生成观无疑是气化的、自然的，并非上帝创世观。

在安乐哲、罗思文的《论语》译本中，"命"为 propensity of circumstances 与该词传统译法 Fate 或 Destiny 相去甚远，而且是一个词组。西方汉学家葛瑞汉曾对这个词的翻译提出过批评，认为安氏等没有把翻译和诠释区分清楚。他说：

即使对什么算是站得住脚的翻译会有不同意见，但仍应坚持：一个哲学译者应竭尽全力做到翻译与原文关键概念及逻辑关系相近；要以原文的思维结构为依据，而不是加工。当然，百分之百的成功是不可能的。所以只能随翻译不成功的程度而用诠释去补足它。

（Graham 1990：288）

在葛瑞汉看来，真正的"翻译"应当是以词译词，但安乐哲等坚持自己的做法。为了在英语中找一个合适的表达法，他们选择了 propensity of circumstances 这个词组，以扩展英语词汇的办法来表现古汉语词汇的弹性，理由在于，传统的译法具有西方宗教中常见的上帝主宰人命运的含义，该词的新译突出了儒家的宇宙观，即自然的宇宙创世观。该译表明，人"命"虽然有限，但环境的作用只是使它产生某种倾向，并非起一切决定作用。因此，此处的"天命"不是宗教神学上的"天命"，而是呈现出有限性的自然意义上的"命"，也隐含了人能改变命运的可能。

二、发掘现实价值

安乐哲等译者对儒家重要典籍中关键词的个性化解读和翻译，有两个主要目的，一是反对套用西方术语，寻求儒学术语的真义，例如，译者对"义""礼""德""知"等关键词的诠释和翻译；二是通过揭示术语中蕴涵的儒家思想的独特性，来补充和修正一些西方传统的价值观，或是借词汇的新诠来表达译者们自己的一些反传统观念。

根据安乐哲和罗思文在《论语的哲学诠释》中的说法，"仁"这一儒家道德概念通常被译为 love benevolence goodness humanity 或 human heartedness（Ames & Rosemont，1998：49）。譬如，早期西方传教士在诠释"仁"这一词时，既减少其丰富内涵，又增添其神学内容，只选定"love"以与天主教的"爱"相类比，进而推演出"爱天主"为"仁"之至的宗教情感。在理雅各的《论语》英译本（1992）中，"仁"是 benevolent actions true virtue。香港学者刘殿爵，也是安乐哲的老师，在《论语》英译本（2008）里把"仁"译做 benevolence "不仁"即 unbenevolence。在海外，benevolence 已成为上百年来至今广为读者接受的"仁"的译名。

"仁"这一儒学道德系统的核心概念在《论语》中共出现过 107 次，可称得上是最为重要的儒学关键词。在《论语》中，孔子的弟子们经常向孔子问"仁"。针对不同的人，孔子有不同的回答。如《论语·宪问篇》中宪问孔子："克、伐、怨、欲不行焉，可以焉仁矣"？孔子回答"可以为难矣，仁则吾不知也"。由此可见，"仁"的意义相当模糊，没有一个精确的概念可以概括其所有义项。

孔子说："人而不仁，如礼何？人而不仁，如乐何"？（《论语·八佾篇》）即是把"仁"作为对礼乐的概括。"仁"具有形上本体意义，"仁"是礼乐之中具有普遍意义和永恒价值的"道"。大体说来，作为礼乐之道抽象概括的"仁"包含以下几个内容：首先是仁爱。《说文解字》把"仁"解释为"亲也。从人，从二"。关于这个定义，也存在着两种理解，其间表现出递进的联系。一种解释为：一个人不可能自我为人，也就是说，从一出生起，人就不可避免地与他人交往，成为社会的人。进一步的理解是：

人与人之间是平等互爱的。汉代学者段玉裁（1974：26）在《说文解字注》中对"仁"从词源上做了一番这样的解释："'相人偶'之人，以人意相存问之言。按'人偶'犹言'尔我亲密'之词。独则无偶，偶则相亲，故其字从'人、二'"。用通俗的话来解释，仁爱首先是爱人。作为行为的爱，才是"仁"最基本的意义。

其次，"仁"又是人的内在本质。孔子把"仁"作为人类最高尚的品质，"其实际意义是把客观的作为社会典章制度和行为规范的礼乐之根本精神，内化为人的本质，把礼乐之中所包含的等级差别的和谐原则变成人的内则，从而使人不是被动地遵守社会典章制度和行为规范，而是主动地、自觉地按已化作人的本质的'仁'来行事"（马振铎，1993：53-54）。例如，为臣、子的自觉地以谦恭的态度爱其君、父，为君、父的则威严而庄重地爱其臣、子。

再次，孔子认为"仁"虽为人的本质，却非天生具备的。在《论语·阳货篇》中，他说："性相近也，习相远也"。这句话表明，人的本性是相近的，由于习惯和影响的不同，才渐渐地相差很远了。个人的学习和修身是一个"求仁"的过程，因个人努力的程度不同，形成了差距，最终造成了"仁"和"不仁"的区别。在孔子看来，"仁"不是人心性固有的东西，而是由外在的东西转化而来的。人性是先天的，人的本质则是后天形成的。因此，"仁"要通过"修己"才能获得。

从"仁爱"这一意义上讲，benevolence 和 goodness 可能是"仁"在英语词汇中的首选。但安乐哲和罗思文二人却选择了他们认为"不够雅致却足够别致"的译名 authoritative conduct 或 to act authoritatively（Ames & Rosemont，1998：49）。所谓不够雅致，大概是指该译名并非名词而是短语。至于为何要选择这些短语，他们给出了如下几种理由：首先，"仁"是一个多词性、多意义的词汇，有时作名词，有时为形容词，甚至可以作动词，benevolence 这一译名无法传递它的多含义、多词性的特征，大大削弱了"仁"的丰富内涵；其次，译者认为，"仁"要在日常小事中体现，表现为对各种琐碎礼节的关注。它不仅体现在精神方面，而且还具有物质、身体的指向，比如人的举手投足，表情和姿势等肢体语言。因此，如果把"仁"译为 benevolence 的话，"那就是在一个并不以'精神'概念作为定

义人类经验的方法的文化传统中，强行对'仁'进行心理分析。"（安乐哲，罗思文，2003：49）

两位译者对 humanity 的译法也不满意。作为母语使用者，他们认为该词隐含了"所有社会成员共同分享"这样一个基本条件（同上）。但鉴于他们对儒学精神的理解，"'仁'是一个美学范畴，标志着一个独特的人的性质改变，它所指的更应当是'成人'becoming，强调成人的过程和突出的特点，而不是人的天赋之能"（同上）。

为了表达他们对儒学的总体理解和对"仁"的特殊理解，译者们选择了 authoritative，authoritative conduct 或 to act authoritatively 作为"仁"的译名。据安乐哲所说，authoritativeness 是一个多义词，具有"礼貌""创作""权威"等种含义和功能，译者们运用 authoritative 与同源词 authority 之间的联想，后者在英语中的意思即为"团体的代表"，译者对这两个词汇之间的联系是这样解释的："仁者是一个公认的典范。其他人在绝无外在强制的情况下，心悦诚服于其成就，并且遵循其模式，修养自己的人格"（同上：51）。译者还说明，"成人之路不是已经设定的，仁者必须是一个开拓创新者，而'礼'则是一个内在化的过程，将决定个人定位的社会角色和人际关系人格化"（同上）。

这样一来，authoritative conduct to act authoritatively 和 authoritative person 的译名虽然克服了 benevolence goodness 和 humanity 等词的内在规定性，但同时也偏离了"仁"的"仁爱""爱人"这一基本含义，这或许多少印证了冯耀明的观点，认为安氏等人的儒学解读是"脱离文本的过度诠释"。笔者认为，安氏等人着重揭示的是"仁"的社会涵义以及个人把"仁"作为本质内化的过程。这些儒家的传统观念与西方哲学对"个人"的理解（如"人"的个体性以及个人受传统习俗的外在影响）形成对比，可以为西方的哲学、伦理、社会学思想提供外来的视角，而"仁爱"一义对于西方读者来说是不陌生的，因此，译者有意淡化了"仁"在中西文化中这一普遍含义。

从人格角度讲，儒学有圣人、君子、小人之分。地位最高、品德最好的成为"圣人"。"君子"包括三种人：有德者、有位者和有德有位者。"君子"可指贵族子弟，或有官位的人，不过《论语》更强调以"君子"代表学行兼备的有德之人，如《为政篇》的"君子周而不比"、《述而篇》的"君子坦荡荡"、《颜渊篇》的"君子成人之美"等。因此之故，君子成为儒家的人格典型，指称有理想、有原则，不断进德修业，追求至圣境界的人。"小人"和"君子"相对，也分无德者、无位者、无德无位者。"无德"是小人的基本特征。无位的"小人"可分两类：一类是无位且无德，是标准的小人；一类却是指"普通百姓"，或者说是"小人物"，仅指地位低而己，如《里仁篇》的"君子怀德，小人怀土"。"士"是介于"君子"与"小人"之间的知识分子阶层，进可以成为德位相符的"君子"，退则为无德之"小人"，所以《雍也篇》有"君子儒"和"小人儒"之分。

理雅各把"贤人""君子""小人"和"士"分别译为 a sage the superior man，the mean man 和 an official。而刘殿爵译为 a sage the gentleman the small man 和 a Gentleman。

除了"圣人"的译法一致之外，两人对其他几种人称谓的译法各不相同。如果说理译的"君子"既能表达居于高位且品德高尚，"小人"the mean man 却无法包括无位而有德，属于"普通百姓"或"小人物"之列的人物。理译的"士"an official 则是把本该属于"君子"的地位放到了"士"的身上。

刘殿爵的译文中，"君子"the gentleman 和"小人"the small man 似乎是两个相对的概念。但"君子"the gentleman 一译无法表现该词的三种含义，而且，刘殿爵的笔下，"君子"与"士"享有同一名称，因此无法对这两个概念作出区分。

安乐哲和罗思文根据他们对儒家思想的研究，对这几个概念做了自己的解读，尤其是对"君子"做了这样的描绘："他们得心应手地扮演着各自的角色；而且从优雅高贵的气度、张驰相宜的状态和旺盛的创造力中获得了极大的满足。也正是出类拔萃的'君子'，以其在各自社会政治角色中的出色表现，为我们树立了一个行为典范"（安乐哲，罗思文，2003：65）。"君子"的形象在译者的这番诠释下不仅具备了"仁"的品德，且富有创造力，与他们对儒学的一贯理解交相呼应。因此，在安、罗笔下，"君子""小人"和"士"成为 exemplary person、petty person 和 scholar-apprentice，这几个译名基本可以反映出原文文化中这些词的所指。

此外，安乐哲和罗思文笔下的"君子"等人均没有性别区分。由于两人的译本产生于当代后结构主义语境中，社会思潮中女性运动方兴未艾、文化批评中解构主义迅猛发展，安、罗译文中的"君子"开始有了女性的身影，人们开始听到了女性的声音。译者出于社会的现实需要，有意识地避免了翻译中的性别区分虽无意于讨论中国早期社会中具体的男性与女性的关系，却对于构建男女平等、和谐共处的当代社会具有意外的功效。译者在《论语的哲学诠释》一书的前言中批驳了将"君子"译作 gentleman 的做法，认为这种"性别和数量的误读造就了一种明显带有男性至上主义倾向的表达——而这种偏见在原文中是根本不存在的"（安乐哲，罗思文，2003：40）。为了证明自己的观点，他们采用了还原历史的途径，在该页的脚注中提到了莉莎·拉弗斯（Lisa Raphals）有关中国古代历史的著作《一个通晓礼仪的女子》，认为在《论语》成书之时及稍后的时代，女子也被称作"君子"。（同上：40）

"慎独"是儒家对"君子"的个人修养提出的要求。《中庸·天命章》曰："莫见乎隐，莫显乎微，故君子慎其独也"。《大学·诚意章》有："故君子必慎其独也"。

朱熹对"慎其独"有这样的解释：

独者，人所不知而己知之地也。言幽暗之中，细微之事，迹虽未形而几则已动，人虽不知而己独知之，则是天下之事无有著见明显而过于此者。是以君子既常戒惧，而于此尤加谨焉，所以遏人欲将萌，而不使其潜滋暗长于隐微之中以至离道之远也。

（朱熹，1992：2）

朱熹的诠释教人在闲居独处之时也要戒慎恐惧，检点内心，遏人欲于将萌，不使违失本性。安乐哲和郝大维把"慎独"译为 be concerned about their uniqueness，关于"独"一词，译者们又在注释中解释为 It refers to the uniqueness of one's own particular relations as they contribute to a flourishing community. （Ames & Hall，2001：118）即，"一个人为繁荣社会服务所形成的各种具体关系之独特性"（笔者译）。

在安氏等人的理解中，"独"这一词远离了宋明以后的儒家关于该词的理解，而是具备了关联性、社会性的内涵。可以说，译者们依然从"关联性"

这一中国哲学特质的理解出发去诠释"独"和"慎独"这两个儒学概念，同时还引用了《荀子》《大学》《庄子》《道德经》中的"慎独"和"独"来说明它们在中国古代儒家、道家思想中关联性、社会性的含义。更有甚者，译者在《中庸》译本的注释中把"独"比作约翰·杜威（John Deway）所说的 individuality，还联想到英国哲学家怀特海（Alfred North Whitehead）的一句话 "Religion is what the individual does with his own solitariness"（Ames & Hall，2001：118），意为"宗教是以其独所行之事"（笔者译），让我们看到，原来西方宗教也有慎独、养心的说法。

译者之所以引用杜威，是因为在他们看来，杜威代表的美国实用主义与儒家思想有许多相似之处。首先，美国的思想传统特别注重个人主义，但 20 世纪 80 年代后，北美许多学者对美国社会中个人主义的恶性膨胀，道德的沦丧进行了深刻的批判和反省。杜威的"伟大的社区"的构想就是在这种背景下复兴的思想成果之一。杜威的社群思想可以从多个层面去理解，与儒家思想的契合主要有如下几点：第一，它强调个人与社群的和谐关系。"由于每一个个体都是团体的成员，那么，他必须能够有弹性地根据各个团体的共同的善的关系来处理好个人与团体的关系"（转引自王成兵，2007：124）。"一个好的公民会发现他作为一个政治团体成员的行为丰富了他对于家庭生活、行业、科学和艺术社群的参与，而这些参与又丰富了他作为政治团体成员的行为"（Dewey，1984：328）。第二，杜威强调个人对公共的、传统价值观的接受与儒家对"礼"的强调有异曲同工的作用。杜威认为，"一个有独特个性的人要想成为社区中真正的成员，必须理解、欣赏和接受社区共有的理想、愿望和价值观，了解和分享人们在社区活动中形成的共同意义"（转引自王成兵，2007：125）。第三，杜威的实用主义哲学和儒家同样都强调自我修养。在《和而不同：比较哲学与中西会通》一书中，安乐哲（2002：197-198 指出："一种广泛流行的观点认为，西方文化更关注正统思想，而儒家文化更关注正统行为，这其实是一种过分简单化的比较"。"强调自律和自我实现的精神是深深扎根于美国土壤的"（同上）。"……不仅爱默生和杜威将自我修养当作道德与教育理论的主题，而且罗蒂在他的哲学讨论中也同样非常强调这一点。在罗蒂看来，自我修养是自我创造和自我实现的根本前提"（同上）。

　　安乐哲等人在翻译儒学概念"独"之时，联想到杜威的 individuality，意在强调两种思想所共同关注的个人与社群之间的和谐关系。"个人主义"（individualism）曾是西方人崇尚的优秀品质，但是近来，"个人主义"的过度泛滥给西方社会带来了社会的、个人心理上的问题。以美国社会为例，18、19世纪美国人在大陆上由东向西移民、拓荒垦地，需要有强烈的"个人主义"，需要有坚定的自信才能对付大自然蛮荒，创建新市镇。但到了20世纪，美国社会由小家庭组成，不像中国传统社会中个人在心理上与生活上有大家族成员的支持，所以美国人有面对孤独衍生的问题，"个人主义"反而造成个人的困境，需要个人与家人的相互理解，与他人相互沟通，营造和谐的社会关系才能解决这一问题。在此，安乐哲和郝大维突破传统注家对"独"的理解，以杜威的 individuality 作为"独"这一概念的诠释基础，貌似附会，却隐含了借儒家思想医治西方社会之顽症的良苦用心。

　　至于"慎独"，其实就是自我修养。儒家对个人修养要求极为严格，君子需时刻检点内心，"遏人欲与将萌"才能修养成"圣人"。美国实用主义也视自我修身为教育的重要目的，不同的是儒家文化更强调"内圣外王"，也就是领袖品德，而美国文化则希望自我修养为一种大众教育的手段，能够最大限度地培养人才。在安乐哲等人看来，自我修养是两种文化得以充分交流的坚实基础，也是儒家文化可以为西方借鉴的重要价值。

　　除联想到杜威的实用哲学外，译者还引用了英国哲学家怀特海的过程哲学。从发生学的意义上，怀特海将实际存在物看作一个过程。在他看来，"实际存在物是变动不居的，它处于不断流变的世界之中，存在着从状态到状态的生长，是整合与再整合的过程。从本体论的角度，世界就是那些个体的实际存在物的产生过程，每一种实际存在物都有其自身绝对的自我造就能力，整个宇宙就是一种面向新颖性的创造进展，而不是一种稳定的形态学意义上的宇宙。"（怀特海，2003：517）

　　怀特海思想受益于希腊传统。作为一种"过程哲学"，它无疑会强调实在的"生成"和"过程"的一面，但它同时并不否认实在的"存在"和"永恒"的一面，而是宣称这两方面在对实在的解释中，必须互为根据，因为这两者同样是经验中引人注目的方面。"在不可逃避的流变中，有某种东西保持着；在压倒性的永恒中，有一种成分遁入流变。永恒只能在流变之中被摄取；流逝的时刻只能通过其对永恒的从属才能发现其适当的强度。想要分离这两种成分的人就不能够找到对公然事实的解释"（转引自 Kraus，1998：1）。然而，由于一事物如何生成造就了他事物及该事物本身，生成的过程比它达成的结果更为基本。所以，过程哲学研究以"生成"来阐释"存在"。

在他的著作《过程与实在》中，怀特海还认为以西方超越论为基础的基督教世界观，有许多不一致的思想。怀特海是这样总结他对上帝与世界关系的认识的：

说上帝是永恒的而世界是流动的，与说世界是永恒的而上帝是流动的一样正确。说上帝是一而世界是多，与说世界是一而上帝是多一样正确。

说与世界对比，上帝是卓绝而现实的，与说与上帝对比，世界是卓绝而现实的一样正确。

说世界内在于上帝，与说上帝内在于世界一样正确。

说上帝超越于世界，与说世界超越于上帝一样正确。

说上帝创造了世界，与说世界创造了上帝一样正确。

（怀特海，2006：348）

为了克服这些不一致的矛盾，他提出了用二重本性的方法，即用原初的和后起的本性来规定上帝，将创生力（creativity）提升为比上帝更基本的哲学范畴。安乐哲（2006：36）对上述引文是这样解读的：

上帝的原初本性是由他包含的永恒观念、纯粹的可能性构成的，它们是供实现的候选者，由组成世界的暂时事件加以实现。上帝的后起本性是由上帝吸收到他自身中的、已实现的世界的现实性构成的。这样，从某个意义上来说，上帝超越于世界；从另一个意义上说，世界又内在于上帝。从后一个意义上说，上帝依据世界而定，就像按照前一个意义，世界依据上帝而定。

儒家思想不依赖严格的超越性原则，没有神与世界、存在与非存在、主体与客体、本质与现象等方面的二元对立，倾向于把问题放在语境和传统的背景中来进行思考和说明。显而易见，儒家思想与过程哲学间存在着某种默契。

由此可见，安乐哲等译者有意地引用个别现代西方哲学家的话语来诠释孔子哲学具有鲜明的反传统色彩。基督教神学严格的超越论、柏拉图的二元论、亚里士多德的范畴论以及康德的理性主义等等都是译者们批判的对象。在他们看来，一些现代西方哲学思想，譬如说诠释学、新实用主义、新马克思主义、存在主义、后现代主义、解构主义等，都有一个同样的目标，就是把逻各斯中心主义、基础主义、唯心主义和理性主义作为批判对象，在这一点上，现代西方哲学与孔子哲学可以说是相通的。因此，安乐哲等拿来与孔子哲学做对比的，从严格意义上说，其实是西方传统哲学，从另一方面，这也说明，孔子哲学对现代社会和现实生活具有指导意义。安氏等译者在比较中突出中西哲学、文化差异的同时，并没有走向差异的绝对化。过度地强调差异最终导致的是文化之间不可通约、无法对话，甚至导致文化敌视。安氏等在译著中一再强调两种文化差异，目的在于提醒西方读者重视儒家思想的独特意义，向中国文化学习；同时，要促进两种文化的对话与和解就必需一个可相互包容、相互理解的环境。为创造这样的环境，译者们又回到西方文化去寻找诠释的资源，为中西哲学的对话和共容创造更大的可能性。这是一种先"求异"再"求和"的过程，是译者们为谋求一个"和而不同"的中西方世界做出的努力。

从翻译的具体步骤来看，安乐哲及合译者对儒学关键词的创造性阐释和翻译也经历了两个不同的阶段。首先，在理解的阶段，译者们一再反对以往儒学典籍英译中随便套用英语词汇的做法，提倡回溯原典，寻找原文概念的真义。而后到了表达阶段，译者们放弃了给关键词加注等以往学者型翻译的手段，在译入语言中重新选择一个译名，或是创造一个名词；同时也采用了多义词，运用英语同源词联想等种种有助于减少儒学术语陌生化的本土化翻译策略，苦心营造了一个他们眼中的儒家世界，也经历了一次在理解上尊重原文差异，在表达上寻求译入语读者认同的过程。

第二节　一词多译——揭示儒学术语的多重意义

西方哲学文本喜欢运用"概念"，中国哲学文本喜用"隐喻"。隐喻是指言说"此"而意指"彼"。隐喻之所以能够以"此"说"彼"，是因为两者具有某种类比的关系。"由于隐喻可接受多重阐释，也因此在逻辑上较不精准，但比起概念与描述性或论证性的语句，隐喻能够沟通更丰富的意义。"（沈清松，2007：50）在中国思想各个领域，关键词的含义都是通过它们在人所共知的文本中的使用而被确定的。现代学者，无论中国还是西方，经常为中文概念的"模糊性"表示悲哀。如鲁迅就感叹过汉语的"法子太不精密"了。

不过，在宇文所安（2003：3）看来，中国文学思想术语"丝毫不比欧洲语言中的大部分概念语汇更模糊；只不过在中国传统中，概念的准确性一向不受重视，所以也就没有人需要维持那种愉快的幻觉，确实存在一套精确的技术词汇"。因此，中国哲学关键词的英译总是存在着这样一种张力：一方面，译者要追求精确的定义，另一方面又不能损失它们的多重含义。

安乐哲等人清楚地认识到了中西哲学文本的这些差异。在《切中伦常——〈中庸〉的哲学解读》的前言中，他和郝大维指出："在西方，逻辑和语义的清晰是理性主义最为赞赏的东西，它们的作用就是产生统一的定义，而该定义也保证不会有歧义。"（Ames & Hall，2001：15）"清晰的反面就是含混——是一种表达不清思想和情感的状态。然而，中国古代哲学文本中，隐喻式的、涵义丰富的语言比清楚的、准确的、辩论式的语言更受青睐，这种强烈的对比给翻译中国哲学文本的译者造成了特殊的负担。对于中国人来说，与清楚相对的不是混乱，而是含混。含混的思想意味着可以用各种各样的意义来解释。每一个重要的中国哲学概念构成一个意义场，可以选择其中任何一种意义来做解释。"（同上：16）

安乐哲等认为，为达到清楚或统一的标准，使用单一译名的做法会把一术语丰富的哲学意味降低到普通白话的程度。"这样的做法只会使西方读者麻木不仁，体会不到隐含在汉语文本中模糊、隐晦的意义。"（同上：16）为准确传达汉语关键词的多种意义，他们根据具体语境对同一术语的细微差别做出不同的翻译，也就是使用英语词汇串（linguistic cluster）的办法来解决原文一词多义的问题。

"善"通常被译作 good。在理雅各和刘殿爵的译本里，"善"即为 good，"不善"为 bad，"善人"则是 a good man。安乐哲、罗思文认为"good 过分扼要地抽取了'善'的本质内涵"（Ames & Rosemont，1998：58），而该字意义的变化却相当灵活。如《论语·为政篇》中的"举善而教不能"，"夫子循循然善诱人"（《论语·子罕篇》），"求善价而沽诸"（《论语·子罕篇》）等都是"善"在具体事件中的表现。经过仔细研读原典和细心领会"善"字在各处的含义之后，译者们得出这样的结论："善"字最重要的几个义项是"善于""值得""有效的""有用的"，"好"不过是"善"引申出的抽象意义。于是，他们费尽心思，根据具体语境选择了 truly adept，ability 等表达方式（同上）。这种一反英语词汇定义的本质主义特征的诠释法颇能迎合译者们所预设的古汉语的"关联性"特征。

例如，《论语·为政篇》的第 20 章：

季康子问："使民敬、忠以勤，如之何？"子曰："临之以庄，则敬；孝慈，则忠二举<u>善</u>而教<u>不能</u>，则勤。"

安乐哲、罗思文的译文是这样的：

Ji Kangzi asked:"How do you get the people to be respectful, to do their utmost for you（zhong 忠），and to be eager?"The Master replied:"Oversee them with dignity and the people will be respectful;be filial to your elders（xiao 孝）and kind to your juniors and the people will do their utmost for you;raise up those who are <u>adept</u>（shan 善）and instruct those <u>who are not</u> and the people will be eager."（80）

该句中的"善"究竟为何意义，历代各注家的见解并不一致。如杨伯俊（2006：21）认为"善人"就是"好人"；安德义（2007：45）把"善"解释为"正直"；杨树达采用的是以经治经的方法，为了说明"善"的意义，他引用了《荀子·王治》中的一段：

无德不贵，无能不官，无功不赏，无罪不罚。朝无幸位，民无幸生。尚贤使能而等位不遗，折愿禁悍而刑罚不过。百姓晓然皆知夫为善于家而取赏于朝也，为不善于幽而蒙刑于显也。夫是之谓定论，是王者之论也。

（杨树达，2007：36）

尽管众说纷纭，大家较为统一的意见是"善"即"有德"，"品德高尚"，这也符合孔子的为政观。可是，安乐哲、罗思文却选择了 those who are adept 来译"善"，为的是与"不能"（为政者）形成一组意义相对的词汇。

再如《论语·八情篇》的第 25 章：子谓《韶》，"尽美矣，又尽善也"。谓《武》，"尽美矣，未尽善也"。安、罗的译文是：

The Master said of the shao music that it is both superbly beautiful（mei 美）and superbly felicitous（shan 善）.Of the wu music he said that it is superbly beautiful but not superbly felicitous.（88）

孔子评论《韶》乐"尽美尽善"，指曲调优美，内容也好到了极点。译者用 superbly felicitous（very suitable）"合适到了极点"来表达"善"可谓颇能传递该词的语境意义。

《子张篇》的第 3 章：

子夏之门人问交于子张。子张曰："子夏云何？"对曰："子夏曰'可者与之，其不可者拒之'。"子张曰："异乎吾所闻：君子尊贤而容众，嘉善而矜不能。我之大贤与，于人何所不容？我之贤与，人将拒我，如之何其拒人也？"

The disciples of Zixia asked Zizhang about making acquaintances.Zizhang queried,"What has Zixia told you?"They replied,"Join together with those who are worthy of association;spurn those who aren't."

Zizhang responded,"This is different from what I have learned.The exemplary person（junzi 君子）exalts those of superior character（xian 贤）and is tolerant of everyone, praises those who are truly efficacious（shan 善）and is sympathetic with those who are less so.If,in comparison with others,I am truly superior in character,who am I unable to tolerate?If I am not superior in the comparison,and people are going to spurn me,on what basis do I spurn others?"（218）

子张性格偏激，才高意广。孔子告诫他对贤于己者应尊重，对不如己者

185

要宽容，对"善"者要嘉奖，对才能不足者要施于同情。此处安氏把"善"译为 those who are truly efficacious，正好与"不能"构成一组意义相对的反义词，适应词汇的语境搭配。

《中庸》受到宋儒的表彰而位列四书，是因为儒家的道德学说与心性论提供了形而上学的依据。其中"中庸"也是个多义词。在孔子那里，"中庸"指的是行为举止合乎中道，有节制，"执两用中""无过与不及"。但在《中庸》一书里，该词被赋予形而上的意义。"中庸"之意是"用中作为常道"，"强调的是"中"或"中道"，具有本体论的性质。

《中庸》首章讲"中和"："喜怒哀乐之未发，谓之中；发而皆中节，谓之和"。朱熹（1992：2）解释说："喜、怒、哀、乐，情也，其未发，性也。"也就是说，"中"就是"天命之性"，是性之未发，故无所偏倚。"和"是"性"向外发动而合乎节制，无所乖戾，是循性而行达致的和谐状态。

无独有偶，在西方的伦理学传统里，也存在一个中庸的观念。Mean 也就是"中道"思想，它是古希腊的传统观念。苗力田（1997：36）在《亚里士多德》全集中对西方传统中"中道"即美德的观念有较为详细的解释：

从民间格言到诗人潘季里特，从数学家毕达哥拉斯到雅典执政官梭伦都以为：一切事情，取中道为好。亚里士多德继承了古希腊的传统理念，认为德性就是中间性，它作为中庸之道，是一种具有选择能力的品质，受理性的规定，像一个明智人那样提出要求。人们在日常生活中受到自己的感觉与情绪的影响，常常会出现不及或超越应有的限度，德性则寻求和选择中间。比方说，怯懦（cowardice）与蛮勇（foolhardiness）之间是勇敢（courage），勇敢即为美德。符合中庸的品质就是美德，中庸是最高的善和极端的美。

"中庸"一词通常被译为 The Doctrine of the Mean，这个译名头一回出现在理雅各的第一个《中庸》英译本里，它容易让人想起亚里士多德的关于在过与不及之间取中间道路为美德的说法。照此方法会导致读者对儒家"中庸"概念的误解。因此，安乐哲和郝大维极力反对这个译名。他们认为，《中庸》里使用的语言形成的认知过程很难产生"中道"（mean），"极端"（extreme）这样的词汇。对于一些表示情感和行动的词汇，如"勇敢"（courage），慷慨（generosity），"慷慨地行事"（acting generously），"勇敢地行事"

（courageously）之间关系的理解，到构建人的性格，亚氏所说与儒家"中庸"的做法其实大相径庭。后者带上了"中和"的意义："中"是一种保持静态的情欲，一种循天性涵情而自安的心态（Ames & Hall，2001：151）。用宋儒程颐的话来说，就是所谓的"岿然不动"的心境（程颐《近思录集注》卷一）。《中庸》的作者子思又说"发而皆中节谓之和"意为情欲由静态的中发出，及于外物，完全合乎"节"，叫做"和"。

亚氏的"中道"美德为个人受性情所左右或选择理性提供了一条出路。相比之下，《中庸》的作者子思则是在新的语境下赋予了"中庸"更深层的意义——在日常生活中恪守"中"道，实现"天命之性"。

安乐哲、郝大维坚持他们对《中庸》文本中使用的"焦点和场域"语言（focus and field language）的看法。他们认为，聚焦一个场域，聚焦日常生活中熟悉的事物，须通过调整公共生活中的"礼"，这是个人选择无法完成的。在此过程中，"和"既蕴涵在公众的生活形式（也就是"礼"）之中，人们又通过奉行礼节来不断地促成"和"。实践属于公众而非个人能选择。因此，mean 表示个人选择的词汇不能用来翻译"中庸"（Ames & Hall，2001：150-152）。

理雅各后来在把《中庸》作为《礼记》的一部分进行处理时，也放弃了 The Doctrine of the Mean 这一译名。在 1885 年出版的《中庸》重译本中，他采用了 The State of Equilibrium and Harmony 来译"中庸"这一标题，更加切中《中庸》的思想。

安乐哲等把"中庸"有时译为 equilibrium，意为"中和""心平气和"，颇符合该词在《中庸》里的含义。他们有时还用了 center 和 impartiality 来表示孔子"不偏不倚""无过而不及"的方法论层面的主张。至于《中庸》的标题 Focusing the Familiar 则是安乐哲、郝大维两位译者的个性化解读。在《中庸》译本的导言里，他们指出，孔子十分强调对日常小事的关注。儒家传统要求个人在其个性生成的过程中，始终关注他周围的小事以及生活细节（Ames & Hall，2001：44-45）。

例如，在谈论颜回为何与众不同时，孔子说到：

"回也，其心三月不远仁，其余则日月至焉而已矣"。（《论语·雍也》）

这是孔子对其弟子的最高评价。"仁"是孔子思想的核心，它是儒家文化的各种美德的总和，也是孔门弟子修炼的核心境界。孔子从不轻易以"仁"评其弟子，包括自己在内也不轻易认可，可见"仁"德的境界之高且难以达到。孔子赞扬颜回"其心三月不违仁"，"仁"其实渗透在日常生活、事务的点滴之中（具体表现为守"礼"），需要个人用心关注并付诸实践。

再如《论语·为政篇》中：

子夏问孝。子曰："色难。有事，弟子服其劳；有酒食，先生馔，曾是以为孝乎？"

一个人供养父母不难，但能够始终和颜悦色，用发自内心的敬爱之举来表达自己的崇敬、感恩之心却很难。

运用上述两个例子，安乐哲、郝大维试图说明"中庸"这一术语不仅指"关注熟悉的事物"，还指"把注意力放在日常事务上"。实际上，"一个人正是由于始终注意在日常事务中恪守中道、以求得平衡，才能最终获得一种宗教体验，并且从宗教中获益"（Ames & Hall，2001：45）。值得一提的是，译者还特别指出，familiar 与 familial 仅一个字母之差，一词能引发读者对另一词的联想，而与 familial 相关的 family 一词在儒家典籍中所起的隐喻作用也不可忽视，儒家提倡的道德伦理正是个人对待家庭成员态度的延伸（同上：43）。例如，《论语·学而篇》说：

君子务本，本立而道生。孝弟也者，其为仁之本与！

在安乐哲、郝大维看来，这个说法表明，将家庭与人类其他组织相比，人更可能完全地、无条件地献身于家庭。将家庭关系提升到中心地位，其意图是将人的整个身心毫无保留地投入到他的每一个具体行为中（同上：96）。于是，"中庸"又有了 focusing the familiar 这一新的译名。

"诚"本来是一个道德范畴，比如《大学》所讲的"诚意"。但《中庸》提出了"诚者，天之道也""诚能生物"的思想，"诚"作为其中的核心概念，已经上升到本体的高度。"它既是'天之道'，是'天命之性'的完全实现；又是'人之道'，是在日常生活中遵循圣人的教诲，努力让'天命之性'朗现。"（王辉，2008：109-110）

人之性体虽是"诚"，人却不是必然地能循本性而行。不能循性而行的，通过修身，最后可以达到循性而行。所以《中庸》又说："修道谓之教"。"能够循性而行的即'自诚明'，通过修身才能做到的则是'自明诚'。循性而行的关键在于'心'——主体意识不等于作为天道降在人的性，所以心产生的喜怒哀乐不一定皆'中节'。要达到心与诚合一，就须'诚身'，即《中庸》提出的'博学之，审问之，慎思之，明辨之，笃行之'"，（牟宗三，2008：34-35）。

《中庸》认为，通过修身，使心性合一，使心完全体现天道之诚，就是"至诚"，惟有圣人可达到这样的境界。《中庸》还认为，人如果克尽本性，就能参赞天地之化育，与天地并立为三。这种观念突出体现在第 22 章：

唯天下至诚，为能尽其性。能尽其性，则能尽人之性。能尽人之性，则能尽物之性。能尽物之性，则可以赞天地之化育。可以赞天地之化育，则可以与天地参矣。

安乐哲和郝大维特别注意到《中庸》典籍中蕴涵的自然生万物的宇宙观，如"天地参"这一理想境界体现的是人与自然的和谐。因此，安氏把人类在参与自然之"天"的"创造"活动中发挥的主观能动作用称为"协同创造"（co-creativity）。对此，他做了这样的解释：

客体由于其所禀有的本质而成为完整的个体，它们自身因此而具有意义。而"诚"则是这种本质概念的对应过程，它是由构成特定的"事件"的基本关系的独特性和持续性所规定的。因此，用"事件"性来描述它更为恰当，它意味着这样的经验是同一品种的一个。而在这个世界中，它们的意义是在它们的关系中获得的。

（安乐哲，2002：90）

这样的认识导致了他对《中庸》中"诚"一词的个性化诠释。试比较安乐哲和郝大维对《中庸》第 25 章中"诚"的翻译和国内学者、译者在综合各家注释（主要是宋代以后学者的注释）后所做的语内翻译。

原文：<u>诚</u>者自<u>诚</u>也，而道自道也。<u>诚</u>者物之始终，不<u>诚</u>无物。是故君子<u>诚</u>之为贵。<u>诚</u>者非自成己而已也，所以成物也。

Creativity（cheng 诚）is self-consummating（zicheng 自诚），and its way（dao 道）is self-directing（zidao 自道）.Creativity is a process（wu 物）taken

189

from its beginning to its end,and without this creativity,there are no events. It is thus that，for exemplary persons（junzi 君子）,it is creativity that is prized. But creativity is not simply the self-consummating of one's own person;it is what consummates events.（106）

安、郝译文的回译：<u>协同创造</u>就是<u>自我实现</u>，其方式是<u>自我推进</u>。协同创造乃是一个事件由始至终，没有<u>协同创造</u>，就没有了事件。因此，对于君子而言，要褒赞的就是<u>协同创造</u>。但<u>协同创造</u>并非一个人的自我实现，而是使事件得以实现的东西。（施思连译/童仁校）

（安乐哲，2002：90-91）

方向东译文：<u>真诚</u>是由人自我完善的，道是由人自我遵循的。<u>真诚</u>是万物的根本，没有<u>真诚</u>就没有万物。所以君子以达到<u>真诚</u>为贵。<u>真诚</u>并非是自我完善而已，还要用来完善万物。

（方向东，2006：66）

两种理解大相径庭。在国内译者看来，"诚"指人的品性，即"真诚"，当然，这一人性在过程中实现，既是"自我完善"的过程，也是"完善万物"的过程，是人类经验的积聚，是对哲学上那种将人性物化和将它视为现成不变的倾向的否定。

安乐哲和郝大维二人则站在本体的高度去理解"诚"。首先，他们认为，把人类提升到与"天"一起协同创造的地位是《中庸》的一大特征，该特征表现在使用"诚"一词来表示人类的自我与外在实现，它是一种动态的、创造性的人性论。因此，到了他们那里，"诚"则成为与"天"一同"创造"世界（万物）的人性。这种"创造"并不涵衍西方传统的创世说，而是表达"天地人"并立的中和观。

译者们对"诚"的诠释显然受到了怀特海的启示。在《过程与实在》一书中，怀特海（2006：211-212）把"创造"作为包含直觉过程的一种方法提出，它创造了与它不同的东西；它是自我实现的创造过程，即"协同创造"的过程。安乐哲等人认为，唯有"协同创造"才能被合理地解释为"创造"。"在该过程中，本体论上的区别被舍弃了，代之以一切事物在宇宙上的平等地位，其中独特的事物及其环境可以看作是相互造就的。在儒家思想中，这种'协同创造'的观念即使不是决定性的，也是人们熟悉的感悟方式"（安乐哲，2002：85-88）。

为了找到证实此种诠释的充足理据，安乐哲还从《论语》《中庸》《孟子》等典籍里找出一些他认为与"协同创造"有关的表述，譬如道家用动态的"无为""逍遥游"和"自然"等词来表示"创造'夕：《庄子》第4篇的第2章以"道行之而成，物谓之而然"来表达对"创造"的诉求；儒家在社会层面强调了人的创造性，如《论语·卫灵公篇》中的"人能弘道，非道弘人"等（Ames & Hall 2001：31）。在安乐哲（2002：91）看来，"这些词的共同特征就是将人性看作过程，是对西方哲学上那种将人性物化和将它视为现成不变的倾向的否定"。他还试图从西方哲学中寻找根据，运用杜威的一个词 doing and undergoing 概括了这种方式，即人们努力通过自己的行动与经历取得最大的收获。

但译者们同时并没有放弃"诚"的两种常见的译名 sincerity 和 integrity。在安乐哲（2002：87）看来，"虽然 integrity 意思属于那种西方世界观中的客体，但也带有'协同创造'模式中变化着的事件的持续性和连续性。有时也使用 sincerity 一词，为的是描述儒家精神中对目标的执着，一种行动的品质以及对自我实现过程的庄严体认"。

宇文所安（2003：15）在谈到关键词英译的问题时，认为"最难做出的抉择"是"保持一个汉语词汇的固定英译不变，还是根据语境的变化而采用不同的翻译"。安乐哲等人的儒学关键词英译综合了两种方法，除个别情况注重词汇的语境意义外，大多关键词的英译仍然保持一致。这样做的优点在于保障其对比哲学和翻译的基本观念不变。但是，由于译者专注于自己的儒学思想重构，安译有时过于拘泥关键词的一致性，以至忽视了汉语词汇随语境变化的特点。请看下列各处关键词的英译：

《论语·颜渊篇》的第19章中有一句"君子之德风，小人之德草。"其中的"德"是指"人的行为思想所形成的社会风气"，与其他部分中的"德"（意指人的品行）有所不同。安乐哲和罗思文把这句译为 The excellence（de 德）of the exemplary person（junzi 君子）is the wind，while that of the petty person is the grass.（158）

"德"一词仍然沿用 excellence，与其说译者对该词的语境意义有所不知，不如说为了保持他们对"德"字解读的连贯性而有意为之。还有《子张篇》第 11 章：

大德不逾闲；小德出入可也。

In matters which demand surpassing excellence（de 德）,one never oversteps the Mark;in minor affairs one has some latitude.（220）

此处的"德"指节操，"大德"即大节，"小德"即"小节"，而译者还是使用了 excellence 作为"德"的译名，似乎过于固守自己对儒学关键词的诠释，显得不合语境。

第三节　"道"之所以，"天"之所指——保留旧译和音译

在儒家典籍和道家典籍中，"道"都是极为关键的核心术语，我们经常说，某某人之"道"，其实也就是说他凡事遵循的原则和思想行动的方法。"道"在《说文解字》中的解释为："所行道也。从辵，从首。达谓之道"。该词最初指可通行天下之路，后来引申为事理的总源，即事物的客观规律，一般性原则。儒家认为，无论做人、做事还是做学问，须要在纷纭复杂的事物中找出规律性的东西。孔子说"朝闻道，夕死可矣。"（《论语·里仁篇》）。可见对规律性把握的重要性，也可见"道"得之不易。

儒家之"道"与道家之"道"有一个根本的区别。道家之"道"是一个客观世界，客观之"道"。老子说："人法地，地法天，天法道，道法自然。"（《道德经》第 25 章）但儒家之"道"是一个主观世界，主观之"道"。孔子时期的礼乐文化是典型的人文文化。如《周易·愤卦·篆传》云：

"观乎天文以察时变，观乎人文以化成天下。"

礼乐就是其中所谓的"人文"。诚然，礼乐中也包含了历法、音律等自然科学的成份，但它们不是礼乐的主要内容，"礼乐是一种整合社会，协调人际关系，规范人的行为的文化。礼乐使混沌的原始人群有了君臣、上下、尊卑、贵贱之别，使按本能行事的自然人有了行为的尺度规矩，从而也使人类有了文理秩序，人的个体得以文饰，所以礼乐是一种人文文化。"（马振铎，1993：47）

既然礼乐文化是人文文化，那么礼乐之道只能是人道——人生之道、人世之道，而不是天道。故凡是孔子言"道"，皆指人道，譬如，"谁能出不由户，何莫由斯道也"（《论语·雍也篇》），这里指"人生必由之道"；"朝闻道，夕死可矣"（《论语·里仁篇》），这"道"同样也指人道。子贡说："夫子之文章，可得而闻也；夫子之言性与天道，不可得而闻也"（《论语·公冶长篇》）。子贡未能从孔子口中听到关于天道的议论也不足为奇，

因为孔子没有对"天文"即自然现象进行思索，他毕生所从事的是"观乎人文以化成天下"。因此，儒家之道是一个主观世界，主观之道。所以孔子说："人能弘道，非道弘人。"（《论语·卫灵公篇》）

从语源学意义上看来，way 在许多层面上与汉字的"道""道路"相同。姚小平（1994：12）认为，"除了希腊语源的 logos，在英语里恐怕再也找不到比 way 与'道'更对等的词"。但也有学者认为，"作为一个承载了深厚的中国文化底蕴的术语'道'的对应词，way 不仅过于简单化，也由于其本身彰显的基督教神学意味而极大地改变了中国哲学里的'道'。"（辛红娟，2008：373-374）

这种说法有其根据。《圣经》中文译本中有 84 处出现"道"、26 处出现"道路"等字样（顾敦鍱等，1979：420-439），根据索引反证于《圣经》英文原文，发现：《圣经·旧约》中"道"出现了 36 次，除少数"道"是 highway，highways，path，word 外，其余各处均指向 way（s）。也就是说，西方宗教中，way（s）就是上帝之"道"，是"主"为人指明的通向神圣的"道"；《圣经·新约》中"道"出现 48 次，少数的"道"是 Way，way，teachings，doctrine，message 等，其余 36 处则均指 Word（s）/words。中文本《圣经》中的"道路"除 3 处指 path（s）外，其余则全部是 way（s）。因此有学者认为，"西方译者用 way 对译中国哲学之'道'，仍是出于基督教的认知前景，只是表面上比将'道'译为 God 或 Creator 少了一些神的意味而已，究其实质，仍然是一种宗教性的置换和指涉。"（辛红娟，2008：374）

基督教传教士理雅各在他的《论语》英译本中把"道"大多译为 the way。刘殿爵的《论语》译本中，除了大量使用 way（s）一词外，有些情况下还使用了 the Way。如"本立而道生"一句译为"For once the roots are established，the Way will grow therefrom"，再如"就有道而正焉"译为"He goes to men possessed of the Way to have himself put right"（Lau，2008：3，10）。

安乐哲、郝大维认为大写的 Way 带有西方神学的意味。在评论阿瑟·韦利对"道"的译法时，他们说道："尽管韦利这个广为接受的译法表面上看来是非宗教的，也更生动些……但 Way 首字母的大写使得这个'道'在语义学的意义上也带有了'超验'和'神'的换喻意味"（安乐哲、郝大维，2004：15）。而对于把"道"译做名词 the ways 的做法，他们也表示了不同的见解。在他们看来，亚里士多德的分类学把经验分解成事物、行动、事物的属性和行动方式——即名词、动词、形容词和副词。于是，西方人在遭遇到他们不熟悉的中国古代的"道"的概念，首先的做法就是把它形而上学和唯名化，使它变成西方哲学的本质性概念。但是，安氏等认为，中国哲学中的"道"既是形式、又是属性和行为；它"既具备理解主体的性质，又具备感觉经验的诸多特点"（安乐哲，罗思文，2003：23）。因此，"道"是一个具有动词性、过程性、动态性的重要词汇，与"导"通用，最早见于《尚书》开凿沟渠，"疏导"河水，以防决堤的叙述之中。"首"这个元素的存在赋予"道"字"领导"或"引导"的意味。

这样的引申也并非毫无根据。有中国学者从词源学的角度解释"道"认为："道"字表示人在路上走，"首"字是人头的象形，整个字的意思是用头部的感觉器官选择能顺利达到目的地的道路走。"'道'字表示自己选择的道路。自己选择哪条路走，要考虑路途远近、安全程度、舒适程度、便于使用何种交通工具等诸多因素，综合考虑各种因素，权衡利弊得失后，才能选择到到达目的地的最佳路线。"（窦文宇，窦勇，2005：1-2）这其实就是"导"的意思。不过，安乐哲和罗思文倾向把"道"看作动词具有更深层的含义。孔子和儒家提出了以求"仁"为核心的修己之道，是为了完成由自然人向真正的人的转化，完成了这一转化过程，其人生价值也就得以实现。因此，"道"的确具有动态意义。按照译者们的理解，"道"的动词意味并不是简单地在路上行走。"实现'道'的过程，就是用源自某个文化先驱的特定方式去体验、诠释和影响世界，并且同时将这种处世之道发扬光大。"（安乐哲，罗思文，2003：46）

译者们仍然使用 the way 这一译法，为的是生动地体现"道"这一形象，同时还保留着"道"这一汉字与其拼音 Dao，目的是始终提醒读者"道"是一个原汁原味的中国哲学概念。另外，安乐哲等人的"道"始终给人一种"探索"的意味，在译本中，他们还不断创造了许多"人在探道"的形象，例如，把"过"字不仅仅解释为"犯错"，而是有"误入歧途""走得过远"的含义。

"天"在《诗经》《尚书》《论语》等经典中出现较多。古人谈"天"，并不细加界定，意义比较模糊。但学界一般认为，西周时代，"天"具有宗教意味，取代了商代的主神（high god）"上帝"；及至春秋战国，社会动荡，"天"的神性受到质疑，诸子借助对"天"的重新解释各自立说，在中国实现了"哲学的突破"。就儒家而言，《论语》中的"天"尚有神性义的痕迹，但孔子所言之"天"，很多时候是指自然或者命运。孔子以后，"天"的神性义更趋淡化，其自然义与（道德）形上义得以突出。比如宋儒就倾向于将"天"解释为非人格化的"理"。

根据单正齐、甘会兵（2008：46-47）在《听冯友兰讲中国哲学》一书中的概括，冯先生把中国哲学中"天"字的含义归纳为五种。一是物质之天，就是我们熟悉的"天空"的概念。二是"主宰之天"，有人格、有意志。三是"命运之天"，冥冥之中有一种不可捉摸、超乎控制的力量，比如成语有"谋事在人，成事在天"一说。四是"自然之天"，指自然的运行。五是"义理之天"，宇宙的一种神秘的终极原理，例如，人们赌咒发誓会说的"天理良心"。

"天"这一词通常使用的英文译法 Heaven（理雅各和刘殿爵都用 Heaven一词）。这个译名曾一时被认为是异化的典型。例如，在比较《红楼梦》的两种英译时，有学者认为"谋事在人，成事在天"这一习语，杨宪益、戴乃迭译作 Men propose, Heaven disposes，而霍克斯译作 Men propose, God disposes. 前者是异化，后者为归化。但安乐哲、罗思文却认为，在正统西方神学普遍的二元论中，Heaven 这一术语特别用来阐释一个超越现世的神的观念，它被认为是创世神，超然于它所造的物而独立存在。这种存在有超时间、超空间、纯精神、纯意识等特征。这种二元论思想与中国传统哲学其实风马牛不相及（Ames & Rosemont，1998：47-48）。欧阳祯也曾指出："'Heaven'是'天'的正确译词，但它引发错误的神学联想，指向错误的宇宙观"（Eoyang，1991：173）。换言之，"Heaven"容易让英语读者联想到创世的 God，这与《中庸》自然主义的宇宙生成观背道而驰。

为了用一个词表达"天"所有的义项，译者们保留了"天"的音译"tian"。这也是《论语的哲学诠释》中唯一保留音译的一个关键词。

参考文献

1. 埃文·佐哈尔，伊塔马. 多元系统论[J]. 张南峰译. 中国翻译，2002（4）：19-25.

2. 安德义. 论语解读[M]. 北京：中华书局，2007.

3. 安乐哲. 和而不同：比较哲学与中西会通[M]. 温海明编。北京：北京大学出版社，2002.

4. 安乐哲，自我的圆成：中西互镜下的古典儒学与道家[M]. 彭国翔编译. 石家庄：河北人民出版社，2006.

5. 安乐哲，郝大维. 道不远人：比较哲学视域中的《老子》[M]. 何金俐译. 北京：学苑出版社，2004.

6. 安乐哲，罗思文. 论语的哲学诠释[M]. 北京：中国社会科学出版社，2003.

7. 包通法. 论汉典籍哲学形态身份标识的跨文化传输[J]. 外语学刊，2008（2）：120-126.

8. 蔡德贵. 试论美国的儒家学派[J]. 中国人民大学学报，2004（5）：79-85.

9. 方向东. 《大学》《中庸》注评[M]. 南京：凤凰出版社，2006.

10. 傅惠生. 汉英对照老子[M]. 长沙：湖南人民出版社，1999.

11. 黄海翔. 典籍英译的认知心理框架解读[J]. 外语与翻译，2009（3）：24-29.

12. 沈清松. 中国哲学文本的诠释与英译——以《齐物论》为例[A]. 刘笑敢主编. 中国哲学与文化（第二辑）[C]. 桂林：广西师范大学出版社，2007：41-74.

13. 王辉. 理雅各的《中庸》译本与传教士东方主义[J]. 孔子研究，2008（5）：103-114.

14. 陈荣捷. 《中国哲学文献选编》，台湾巨流图书公司，1993.

15. 曾春海. 中国哲学概论[M]. 长春：吉林出版集团有限公司，2009.

16. 张岱年. 张岱年选集[M]. 李存山编. 长春：吉林人民出版社，2005.

17. 宇文所安. 中国文论：英译与评论[M]. 王柏华、陶庆梅译. 上海：上海社会科学院出版社，2003.

18. 杨平.《论语》的英译研究——总结和评价[J]. 东方丛刊，2008（2）：129-149.

19. 杨伯峻. 论语译注[M]. 北京：中华书局，2006.

20. Newmark，P. A rexfbook of Translation [M]. London：Prentice Hall，1988.

21. 韩家权，柏敬泽. 翻译思维方法论[M]. 大连：大连出版社，2003.

22. 侯晶晶. 论翻译中的操控现象[J]. 外语与外语教学，2001（7）：46-48.

23. 林同华. 美学心理学[M]. 杭州：浙江人民出版社，1987.

24. 卓振英. 汉诗英译中的"借形传神"及变通[J]. 福建外语，2002（1）：54-59.

25. 卓振英. 汉涛英译中的"炼词"[J]. 外语与外语教学，1998（12）：28-30.

26. 卓振英. 汉涛英译中的"移情"[J]. 外语与外语教学，2001（1）：53-55.